災害対応ハンドブック

室﨑益輝・岡田憲夫・中林一樹 監修

野呂雅之・津久井進・山崎栄一　編

法律文化社

はしがき

———

　本書は，阪神・淡路大震災や東日本大震災の体験を踏まえ，被災者と被災地の苦しみを少しでも和らげるための災害対応のあり方を，根源的，総合的かつ人道的に問い直す，社会的指南書としてのハンドブックです。

　このハンドブックは，災害対応の基本的方針だけでなく具体的施策をも提示するものですが，この内容を正しく理解してもらえればという思いから，ここでは「災害対応の理念や目標」について述べておくことにします。ところで，災害対応のあり方を考えるには，災害そのものの特性を理解することが欠かせません。災害対応の目標や課題は，災害の実態から導き出されるものだからです。

　そこでまず，災害の本質や特性を明らかにしておきます。災害の特性の第1は，冷酷で悲惨なものだということです。災害は，心身を傷つけ，住まいや仕事を奪い，希望や尊厳まで奪ってしまいます。災害は，喪失と絶望を人間に押し付けるものです。特性の第2は，社会の矛盾を顕在化するものだということです。隣保協同関係の衰退，危機管理体制の不全，環境共生社会の破壊といった問題点が，被災によって明らかになります。災害は，反省と改革を社会に強く促すものです。

　その災害の特性を踏まえるならば，事後の災害対応では，「緩和，回復，変革」の3つが求められることになります。緩和は，被害の拡大を防ぎ，被災の治癒をはかることです。災害関連死などの間接被害を防ぐことも，ここでは求められます。回復は，失ったものを取り戻し，生活や生業を再建することです。自立や自治さらには人権を回復することも，ここでは求められます。変革は，災害が気づかせてくれた社会の矛盾に向き合って，その克服をはかること

です。より安全な社会を構築することも，ここでは求められます。

　回復をはかることは「立直し」，改革をはかることは「世直し」です。応急対応に続く復旧や復興の対応では，この立直しと世直しを車の両輪として追求しなければなりません。ところで，この立直しと世直しでは，一人ひとりの人間を中心に考えるという「人間復興」の考え方がとても大切です。災害で傷つくのも人間，災害から立ち上がるのも人間だからです。復興の主役は一人ひとりの人間です。「最後の一人まで」ということが阪神・淡路大震災で強調されましたが，被災者すべてが回復を果たすとともに変革の主人公となることが，事後の復旧や復興の最終目標です。

　さて，災害対応のあり方を考えるうえでは，阪神・淡路大震災や東日本大震災などの体験や教訓に学ぶことも欠かせません。そこで，災害対応の視点から，大震災の教訓を明らかにしておきます。この大震災の最も大切な教訓は，「危機管理」「社会包摂」「減災統合」という３つのキーワードに要約できます。危機管理は，災害対応に実効性や科学性を与えること，社会包摂は，災害対応を社会全体がわがこととして取り込むこと，減災統合は，災害対応を多様な方策の融合システムとして組み立てることを，私たちに教えています。

　危機管理には，２つの重要なポイントがあります。その１つは，事前と事後を連動させて考えること，他の１つは科学的な管理手法に基づいて実施することです。事前と事後は，事前のリスクアセスメントと事後のクライシスマネージメントを一体的に考えることです。「事前復興」という言葉がありますが，事前に被害軽減の取組みをしておくこと，事前に対応準備の取組みをしておくことが，事後の復興をスムースにすすめるうえで欠かせません。また，科学的な管理は，絵に描いた餅からの脱皮をはかることで，減災や復興の目標が確実に達成できるように取り組むことです。そのためには，実行管理や施策検証のプロセスを大切にしなければなりません。

　社会包摂にも，２つの重要なポイントがあります。その１つは，行政が被災者支援の責務を果たすこと，他の１つは，社会全体が被災者支援の善意を発揮することです。公助と共助が融合した支えあいの輪をつくるということです。ここでは，国や自治体に被災者に寄り添った形での復興責任や支援責任を果た

すことを求めるとともに，コミュニティ支援とボランティア支援を軸にした支援社会の構築に努めることも欠かせません。被災地に駆けつけるボランティアの活動環境の整備をはかることなど，包摂社会の形成や支援文化の醸成の課題は，数多く残されています。

　減災統合での重要なポイントは，多様な対策を有機的に組み合わせ被害の軽減をはかること，多様な主体が協働し力を合わせて被害の軽減をはかることです。ところで，減災というのは「被害の引き算」をはかることです。その引き算は，対策の足し算により実現することができます。この足し算には，時間の足し算，人間の足し算，手段の足し算などがあります。

　時間の足し算では，時系列サイクルに即して，予防，応急，復旧，復興それぞれの段階ごとに，減災のための対策を講じる必要があります。ここでは，復旧の初期の段階で被災者の自立と被災地の自治の基盤を作り，その自立と自治の力で本格復旧や復興に取り組んでゆくという運動論的なプロセス設計が求められます。なお，本書はこの時間の足し算を意識して，時系列ごとに災害対応の課題を整理しています。

　人間の足し算では，行政，コミュニティ，事業所，NPO が相互に連携し，それぞれの役割を果たすことが必要です。ここでは，相互依存ではなく相互協働の関係を築くこと，そのために相互信頼を基調にすることが欠かせません。パートナーシップの原則を貫くということです。その協働ということでは，行政と市民の協働をとりわけ重視しなければなりません。トップダウンとボトムアップを車の両輪とした，減災をすすめることです。なお，本書はこの人間の足し算を意識して，担い手ごとに災害対応の課題を整理しています。

　手段の足し算では，ハードウエアに加えて，ソフトウエアやヒューマンウエアを大切にすることが必要です。ヒューマンウエアでは，防災教育や意識啓発の醸成を災害対応の視野に入れることが欠かせません。ソフトウエアでは，事後対応の準備をソフト面ではかっておくことが不可欠で，災害対応のための組織体制や災害法制の準備をはかることが欠かせません。なお，本書ではソフトウエアに力点を置き，体制と法制という「2つの制」に焦点をあてて論じています。

本書は，災害の現実に真摯に向き合う姿勢をもち，被災者に親身に寄り添う心をもち，被害軽減のための高い見識をもつ，各界の第一線の専門家や実践者によって書かれています。本書が指南書として，行政，地域，企業，市民の災害対応の一助となり，被災者の苦しみを少しでも和らげることにつながれば幸いです。

2016年1月17日

室﨑 益輝

目　次
───────

第Ⅲ部　復興期の課題

第IV部　防災の課題

掛川 直之
14歳
中学2年生の
サッカー部員

掛川 舞
11歳
小学5年生

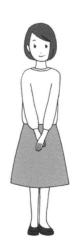

掛川 和美
43歳
専業主婦

掛川 進一
45歳
会社員

掛川 文雄
77歳
直之の祖父
（父方）

掛川 恵子
73歳
直之の祖母
（父方）

伊藤 俊紀
48歳
直之の伯父
（母の兄）

伊藤 篤彦
20歳
直之の従兄弟

第 1 部

災害直後の課題

ガクンとひざが折れるようになったのは部活動の疲れのせいかと思った。夕方の5時50分，下校途中だったサッカー部員で中学2年の掛川直之（14）はそれが地震の揺れだと気づくと，すぐに立っていられないほどの激震に見舞われた。

駅にほど近い9階建てマンションの7階にある直之の自宅には，母の和美（43）と妹で小学5年の舞（11）がいた。夕飯の支度をしていた和美はドーンと下から激しい揺れに襲われ，流し台の縁にしがみついて叫んだ。「危ない！　しゃがんで」。ダイニングで宿題をしていた舞は食卓の下に身を隠したが，食器の割れる音が怖くて泣きそうになった。

その時，直之の父の進一（45）は40階建ての超高層ビルの35階にある勤め先のオフィスで，報告書を書いていた。ゆっくりと揺れ始め，不気味な振動は徐々に大きくなってきた。

超高層ビルの揺れは長く続いた。10分もたっただろうか。揺れが収まってオフィスの窓から眼下を見渡すと，あちこちから火の手が上がり，煙が立ちのぼっていた。携帯電話で自宅に連絡しようとするが，つながらない。災害用伝言板のメールでなんとか連絡のつくことがわかって，とっさに脳裏に浮かんだのは，下町で暮らす実家の両親のことだった。

直之の父方の祖父母は築40年を超える木造2階建ての持ち家に住んでいた。祖父の文雄（77）は体調が思わしくなく寝たり起きたりの生活で，祖母の恵子（73）が看病をしていた。自宅は全壊したが，2人とも軽いけがですんだのが幸いだった。

○　　　　　○

マグニチュード7.3，最大震度は6強とテレビの速報が伝えていた。

自宅マンションに着いた直之は，停電でエレベーターが止まっていたので，非常階段で7階まで駆け上がった。室内には割れたガラスが散乱し，リビングのピアノも倒れていたが，母と妹にけがはなかった。父からは無事を知らせるメールが母に届いており，3人は避難所になっている小学校に向かった。

そのころ，祖父母も避難所に向かおうとしていた。だが，祖母ひとりでは寝込んでいる祖父を抱えて避難できない。消防車のサイレンが遠くから聞こえてくるなか，しばらくすると顔見知りの民生委員が来てくれた。祖父は近所の人におぶってもらって避難所に向かったが，慢性疾患の常備薬は家のがれきに埋もれて持ち出せなかった。

進一は迷っていた。家族のところに帰るのか，オフィスに残るのか。妻と子の無事は確認できたが，両親の安否はまだ確認できていない。オフィスから自宅マンションまでは8km，両親の暮らす実家は20kmも離れている。無事は確認できたものの，やはり子ども

たちのことが気がかりだ。進一は歩いて自宅に向かおうと決心した。

　避難所になった学校はごった返していた。文雄は体育館に運ばれ，避難所を担当する自治体職員から毛布を配られた。それを体育館のフロアに敷いて横になり，ようやく一息ついた。

　自治体は災害対策本部を立ち上げ，幹部職員の大半が顔を揃えた。被害の把握には手間取ったが，各所の避難所にはおおむね職員を配置することができた。退庁時刻の直後で，職員の多くがまだ残っていたため，災害時のマニュアルに添った運用ができたのだった。

　　　　○　　　　　○

　進一は深夜になっても，まだ歩いていた。公共交通機関はストップし，倒壊した建物が塞いで道路は至る所で寸断されていた。燃えた家屋から立ちのぼる黒煙の見える方向を避けて，遠回りをして歩いてきた。のどが渇き，空腹も感じていたが，停電のため自動販売機は使えない。営業中のコンビニも商品がすべて売り切れていた。

　地震の発生から時間がたつにつれ，甚大な被害の様相が明らかになってきた。倒壊した建物には生き埋めになった人も多数おり，自衛隊の災害派遣がいち早く決まった。あちこちで上がった火の手は，消し止めることができずに延焼する地域もあった。常設の自治体消防ではとても手が足りず，他県からの緊急消防援助隊が駆けつけてきた。

　避難所に身を寄せていた直之ら母子3人は自宅から持ってきたラジオを聴いていた。ラジオの報道は，死者数が増え続け，インフラが壊滅的な被害を受けたことを伝えていた。和美はスマートフォンのワンセグでテレビをつけたが，バッテリーの容量がなくなることを心配して，すぐに見るのをやめた。

　日付が変わってしばらくすると，進一が避難所に姿を見せた。普段なら2時間で歩ける距離だったが，オフィスを出てから7時間以上がたっていた。舞は「お父さん」と言ったきり泣き出して，父にしがみついた。進一は革靴のままだったので，かかとから血がにじんでいた。でも家族と無事に再会できたことで，痛みも疲れも吹き飛んだように感じた。

　　　　○　　　　　○

　和美の実家は震源から遠く離れ，体に感じる揺れは観測されなかった。和美の兄の伊藤俊紀（48）は実家の近くで暮らし，その息子である直之の従兄弟の篤彦（20）は通っている大学でサークル活動中に大地震のことを知った。

　篤彦はボランティアの経験はなかったが，幼いころよく一緒に遊んだ直之たちのことが心配だった。大学が派遣を決めたボランティアバスに迷うことなく手を挙げた。

　各地でボランティア組織が立ち上がり，被災地に向かう準備を整えていた。生協や主婦グループを中心に支援物資を送る動きも出てきた。しかし，被災地では延焼した建物でまだ火がくすぶり，幹線道路の交通規制が続いていた。テレビでは被災地に向かうボランティアに慎重な行動をよびかけていた。

（野呂　雅之）

1
被災者

災害が起きたときに

あなたならどうする

⬤ 避難の方法

越山 健治

■避難の流儀

避難することは，迫り来る危険な状態を回避するために行動する，ということです。災害は種類によって，その危険となる現象が異なります。被害を及ぼす原因，広がるスピード，人に与える影響に違いがあります。また，遭遇する場所や環境によって，回避に必要な行動も変わります。大事なことは，「事前の情報を得て，避難行動時間を長くする」「自らをよく知り，相手（現象）をよく知ったうえで，状況に応じて行動する」「行動によって守るものを理解する」です。

■地震から「避難する」

強い震動を感じる地震の多くは震源が近い場合です。このときは行動できる時間はわずかしかありません。自分の身を守る行動および周辺にいる人の身を守る行動を瞬時に行うことが最重要です。具体的には，頑丈な構造をもった家具に身を潜める，落下物から頭を守る，などです。地震後の避難のためにドアを開ける，といった行動もできるとさらによいでしょう。一方，建物が倒壊する危険がある場所であれば，外に出るという行動も是です。ただし慌てて行動することで，大けがをした事例が多々あるので，あくまで最後の選択肢です。

震源が遠い場合は，緊急地震速報が有効になる時が多く，数秒から十数秒程度の時間的余裕があります。ゆっくりとした大きな揺れがおそってくる可能性が高いので，倒壊物や落下物の恐れのある場所から離れ，身を守ってください。

地震の揺れが終わった後に避難する場合は，危険因子が「火災」と「余震」に置き換わります。火災予防のため家のブレーカーを落とし，落下物や破損物によるけがに気をつけて安全な空間に移動する行動をとりましょう。

■津波から「避難する」

日本沿岸は津波常襲地帯です。沿岸部で揺れを感じる，または警報が出た場合には，「津波」の危険性がありますので，即座に高台へ避難行動をとる必要

があります。通常，気象庁により警報が発令されますが，巨大地震のときほど不確実性が存在するので，いずれにせよ迅速な行動開始が望まれます。

　避難行動は，津波高以上の場所への垂直避難が必要になりますが，時間のある限り内陸部への水平移動も求められます。津波による構造物被害や津波火災の発生，予期せぬ津波高の発生など不確定要素が多いからです。津波の来襲速度は，沖合なら100km/h以上，深さ10mの浅瀬でも約36km/hです。陸上への遡上も同等かそれ以上のスピードで伝播します。そのため津波を視覚で認識する前に行動をしなければなりません。原則徒歩避難で自動車による避難は最後の手段となります。交通混雑により避難が滞るおそれがあるためです。もう一方で災害時要援護者の移動に自動車を使うためにも，地域の協力が必要です。

　また津波は河川や谷筋を遡上するので，地形条件が悪いと海上の津波高以上の地点まで津波が到達します。地域の津波浸水予測図を活用し，前もって安全な避難ルートと避難場所を知っておくことが重要となります。

　津波は，遠い地点の地震でも来襲しますし，ときには陸上で揺れを伴わず津波が発生する場合もあります。この場合は津波警報が唯一の情報となります。

■水害・土砂災害から「避難する」

　水害や土砂災害は各地で毎年頻繁に発生しています。避難行動の視点からこれらに共通していることは，発生前に「予見期」「警戒期」が存在する点です。大雨や台風の予測情報や，河川の水位情報，累積雨量等から，災害可能性のある場合には警報が発せられます。またこれらの災害については警戒すべき区域が事前にわかっています。自らの地域の災害危険区域について十分知っておくことが重要です。

　自治体からは避難準備情報，避難勧告，避難指示といった情報が発信されます。警報とは異なり避難を促す情報ですので，安全を確保しつつ避難行動をしてください。水害・土砂災害の避難は，「水害が発生する前に避難場所に移動する」「発生していたらできる限り上に逃げる」ことが原則です。浸水深が50cmであっても，流れ等があり移動に危険が伴います。それ以上の浸水深がある場合は，危険が増大するので家屋の2階への避難の方が得策となることもあります。土砂災害についても，すでに大雨となり外への移動が困難な場合には，上方へ避難をすること，土砂災害警戒区域に居住しているのであれば大雨

時は万が一に備え2階以上で就寝するなどの対策も有効です。

■火災から「避難する」

　地震後に火災が発生した場合，まずは初期消火行動が望まれますが，回避できない場合は避難となります。市街地火災の危険度は，風速により左右されるので強風時には迅速な地域避難が必要となります。火災から安全な場所は，広域避難地とよばれる大規模な公園や空地等になります。都市部など市街地火災の危険性の高い場所は，自治体により場所が指定・整備されていますが，これらは津波や水害と複合する場合には使えない場所もあるので注意が必要です。

　市街地の建物や道路や緑地，公園の状況などにより延焼速度は異なりますが，風が強い場合を除き，現代の都市状況であればおおよそ人が歩く程度です。市街地火災からの避難は，まず近くの小公園や空地など一時避難地に地域の人と集まり，その後，風の状況を見極めて，できる限り風下を避け，安全な避難道路を経由して，広域避難地に向かうことになります。

■「避難」のきっかけ

　危険を回避し安全な場所に避難するためには，避難行動時間が十分にあった方がいいことは当然です。ただし，人それぞれで避難行動時間は異なります。自分の状況に応じ準備をしておく自助，いざというときに周囲の支援を可能にする共助，リスクの高い人への対処を準備する公助があって避難は成功となります。

　私たちにとって避難行動時間を左右するのは，情報入手時間とそこから行動を開始するまでの時間です。人は危険だという情報だけではなかなか行動をとりません。地域全体が避難しているという状態こそが，多くの人の行動を促すスイッチとなります。一人ひとりの避難行動開始への勇気が，互いに影響を及ぼし，他の人の避難をよび起こします。この時間が早いほど，避難困難な人への支援を可能にします。災害による避難は，個人の行動であるだけでなく，地域の行動です。あらかじめ災害ごとの安全な場所，危険な場所を知り，情報を共有し，みんなで逃げるという能力を日常から高めることが必要です。

⬤ 災害とメディア

山﨑　登

■ますます重要になる災害時のメディアの役割

　災害の被害を減らすために，メディアの役割がますます重要になっています。背景には従来の防災対策の想定を越えるような地震や津波が発生したり，これまでの記録を塗り替える豪雨が各地で降るようになったことなどがあります。

　わが国の防災対策は，第2次世界大戦後の荒廃した国土を枕崎台風やカスリーン台風などが次々に襲って大きな被害を出したことから，施設を造るハード対策を中心に始まりました。高度経済成長の時代には全国に大型のダムが次々に建設され，高潮や洪水を防ぐ堤防や土砂災害を防ぐ砂防ダムが造られました。また町をコンクリートやアスファルトで覆って水たまりをなくし，下水道や側溝を整備して雨が降っても革靴で歩ける便利で快適な町をつくってきました。

　そうしたハード対策は一定の効果を上げるようになってきましたが，最近になって想定を越える猛烈な雨が各地で降るようになり，街が水浸しになる洪水や従来よりも大規模な土砂災害が起きるようになりました。さらに2011年3月には想定外のM9.0の東日本大震災が発生し，大津波が襲って2万人近い犠牲者を出しました。

　こうした被害を踏まえ，ハード対策中心の対策が見直されるようになりました。国は従来の「防災」から「減災」へと考え方を変えたのです。「防災」は堤防などの施設を造り，人間の力で災害を押さえ込んでしまおうという考え方ですが，「減災」は自然の大きな力をかわしたり，やわらげたりして被害を最小限にとどめようというものです。いま重要なことは，防災に対する考え方が「減災」に変わったことを多くの人に知ってもらうとともに，災害の危険がある場合には危険が迫っていることを知らせて安全な場所に避難してもらうことです。

■結果報道から予防報道へ

　大きな地震が起きるとほぼ同時に放送が始まり，地震の揺れの瞬間やその後の町の様子を伝える映像が全国のお茶の間に流れていきます。それが放送のメリットである同時性と広汎性で，災害報道で大きな威力を発揮します。

テレビ放送が始まったのは1953年のことで，その１年半後の1954年の「洞爺丸台風」はテレビが初めて伝えた災害でした。日本列島を縦断した「洞爺丸台風」は青函連絡船「洞爺丸」を沈没させ，1139人という日本の海難史上最悪の犠牲者を出しました。テレビは台風一過の穏やかな海に浮かぶ洞爺丸の船底を映し出しました。

　こうしてテレビの初期の災害報道は，災害が起こった後に被害の状況を伝える「結果報道」でしたが，それでは災害の被害を減らすことができません。というのは出航を見合わせていた「洞爺丸」が函館港を出航したのは，一時的に風雨が弱くなって晴れ間が覗いたのを，船長が台風が通過したと判断したからでした。

　当時の台風観測は現在のように気象衛星を活用したものではなく，位置や強さや進行方向といった観測の精度が高くなかったうえに，詳しい情報提供が行われていなかったことが背景にありました。

　この災害をきっかけに，テレビの災害報道は被害を防ぐための「予防報道」に変わりました。「洞爺丸台風」から５年後の1959年の「伊勢湾台風」では，初めて気象庁の予報官がテレビに出て，台風の位置や強さ，進行方向などを伝え，警戒や防災行動をよびかけました。それでも名古屋港を観測史上１位の高潮が襲うなどして，名古屋市を中心に死者・行方不明者5098人の大きな被害を出しました。

　この「伊勢湾台風」の被害が，「予防報道」を社会の防災対応に結びつける大きな力となりました。２年後の1961年の「第２室戸台風」は伊勢湾台風に匹敵する勢力で大阪湾を北上し，兵庫県尼崎市に上陸しました。この際，大阪管区気象台は行政や報道各社に対して「最悪の事態となったので，厳重な警戒と予防態勢をとるよう」求めました。これを受けて，大阪府知事がNHKと民間放送局のテレビとラジオで「台風への備えと早急の避難を」とよびかけました。その後に高潮警報が発表され，大阪湾沿いの14の市区町村に避難命令が出され，大阪府内の1056ヶ所の避難所に44万人が避難し，高潮に襲われた０ｍ地帯の死者は１人も出ませんでした。

■東日本大震災でわかった多くのメディアの役割

　東日本大震災の災害報道は，改めて災害時のさまざまなメディアの重要性を再確認させました。東日本大震災では地震の後に停電になった被災地が多かっ

たことから，テレビよりも自動車や携帯のラジオによって，大津波警報などの情報を得た人が多く，災害時のラジオの役割の大きさを痛感させました。

またテレビやラジオを見る環境のない人も必要な情報に接することができるようにと，NHKは総合テレビの放送を同時にインターネットで見られるようにしたり，地域のFM放送などが交通情報や医療や買い物などのきめ細かい生活情報を伝えました。さらにツイッターなどSNSの情報が被害状況を伝え，救助につながった例もありました。また新聞社は避難所に新聞を配り，なかには壁新聞を作ったところもありました。避難所の高齢者などのなかには，それほど厚くない新聞の紙面を繰り返し読んでいる人がいて，放送と違って繰り返し読める新聞には，日常生活が戻ってきたことを感じさせる「いやし」の効果があることを感じさせました。

■防災の文化を創るために伝える

防災対策は施設を造るハード対策と避難をすすめるソフト対策が車の両輪ですが，ハード対策の限界を東日本大震災ははっきりと教えました。東北地方の太平洋沿岸には高さが10mを越える堤防が造られていましたが，東日本大震災の大津波はそれらを簡単に乗り越えました。現地で話を聞くと，見上げるような高い堤防があったから津波は来ないと思っていたとか，堤防があって海が見えない環境だったから海に近い場所にいることを忘れがちで避難が遅れたという声を聞きました。ハード対策の難しさは，ハードの施設がひとたび整備されると，それに頼りがちな人間を作ってしまうことにあります。

だからこそ一人ひとりの防災意識を高め，危険が迫ったら避難し，危険が去ったら戻るという防災行動を当たり前のことにしていくことの大切さをメディアは伝え続ける必要があります。それは社会に「防災の文化」を創り，育てていく取組みです。

東日本大震災後，地震や火山の活動が活発化する傾向にあり，地球温暖化の影響などでかつてはなかったような猛烈な雨が各地で観測されています。自然が変わったのに，社会が従来の対策から抜けきれないと，今後の被害は拡大する一方です。社会の防災意識を高め，新たなハードとソフトの対策を考えなくてはいけない時代になりました。そのために，メディアが果たす責任と役割は重いといわなくてはいけません。

◉ 避 難 所

石川 永子

■避難所について

　大地震が発生した時のことを想像してみましょう。あなたはどこにいるでしょうか？　自宅で家事をしていたとしたら，住宅が被害を受けた場合や余震から身を守ったりするために，指定された地域の避難所である小中学校に避難することになるでしょうし，もし，都心で働いていたり学校に通っていたりして帰路の途中で公共交通機関が動かず帰宅困難者となり，企業や大学や職場や，近くに開設される避難所に行くことになるでしょう。また，地震の揺れで建物の被害が小さい，たとえば集合住宅であれば，エレベーターが停止したり，電気や水道が止まっていても，避難所には行かずに家に留まるかもしれません。また，事前に避難所として指定されていない公共施設や地域の集会所等に集まる人もいるかと考えられます。

　東日本大震災では，津波の被害により多くの指定避難所が被害を受け，道路が寸断されて多くの地域が孤立するなかで，高台にある小中学校のほかに，福祉施設や旅館・ホテル，神社や寺院，被害を免れた近隣や知人宅で避難生活を送った人も大勢いました。ホテルや旅館については，避難所として指定された場合，災害救助法の規定で国が避難者数にあわせて経費を負担することになっています。また，高齢者の一部など，一般の避難所では生活することが難しい人を対象とした福祉避難所も設置されます。巨大災害になるほど，避難生活をおくる空間が多様化します。

■地域拠点としての避難所

　図表1は，東日本大震災，阪神・淡路大震災の避難所の避難者数（宿泊者数，食料等の配布を受けている人数）です。

　首都直下地震では，高層マンションや団地等，建物に大きな被害がなくてもライフラインやエレベーターがとまり，周囲の店舗で食料を購入することが困難になるなどするために，日中は，自宅ほか，当該建物の集会室等や避難所に滞在し夜は自宅に戻る世帯なども多くなると考えられます。これらの人びとは，

図表1　神戸市内での避難者および避難所数の推移

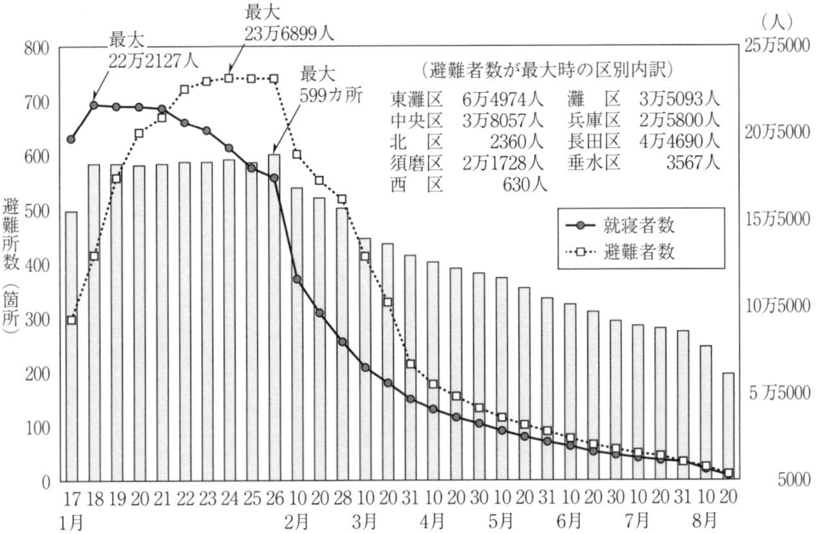

出典：神戸市 1996『阪神・淡路大震災──神戸市の記録 1995年』221頁

情報や物資の入手，仮設トイレの使用などが避難所にくる主な目的となることも多いです。被災後の避難所では，これらの人びとの分も対象として物資等の仕分けなどを行うのですが，被災後の混乱のなかで，自宅を失った避難所生活者とこれらの人びとで，避難所の使用や物資の配分で議論になることも多く，災害前から，地域で「避難所は災害後の地域拠点として，宿泊者以外の支援も行う場所である」という共通認識をもち，加えて外部からの物資やボランティアや医療支援の受け入れ等も含めた地域の拠点としてのコーディネート機能をもつことと共に，宿泊の有無にかかわらず積極的に避難所運営にかかわることが重要です。

■避難所の立ち上げ

避難所の開設については，小中学校の場合，施設管理者である学校長や教員が鍵をもっているだけでなく，行政職員のうち災害後避難所に向かう担当の職員や，地域の避難所運営協議会の役員が鍵をもっている場合も多くあります。

また，避難所を開設するときは，被災者に入ってもらう前に，あらかじめ通路を確保し，たとえば自治会毎にまとまって座れるように，避難所の運営協議

会等で，事前にルールや開設の段取りを決めて訓練をしておくことが大切です。また，避難者を受け入れる際に，避難者名簿を早期につくれるように，住民の名簿（とくに，高齢者等の要配慮者の名簿）を整備しておくことが望ましいです。ただし，東日本大震災では，津波で名簿が流されたり避難で混乱していて名簿が活用された例は多くありませんでした。そこで，避難所では，避難者が名簿を作成すると共に，壁に名前を書いた紙を張り出し，訪れた親族や知人が確認できるようにしていました。

■避難所の運営

避難所では，避難所の代表者や副代表者，近隣などで班をつくりその班長，各係（たとえば，物資班，炊き出し班，救護衛生班，情報連絡班，庶務班など）のリーダーや，各避難所を担当する行政職員，応援職員等が，定期的（毎朝など）に集まって，情報共有や運営に関するミーティングを行います。それ以外にも，地域性や被害状況によっても異なりますが，避難住民は，生活水や井戸の水汲み，孤立した集落の場合は道路啓開，人命救助・捜索，外部支援が届かない初期の段階では，地域内や近隣地域からの物資調達等が行われることもあります。災害が巨大になればなるほど，外部支援が入るまでの地域内での助け合いが重要になってきます。

■避難環境

避難所では，高齢者等の災害時要配慮者へのケアとともに，長期避難にそなえ，プライバシーへの配慮や，インフルエンザや食中毒の蔓延を防止するための衛生管理などが必要で，そのために，保健師等が避難環境のチェックリストを作成し，改善活動を行うことが重要となります。

仮設トイレの数や場所や種類（足腰の悪い人等への対応），女性や子供への配慮（更衣室・授乳室等の空間の確保や遊び場等），プライバシーの確保（パーテーションの有無や高さ，洗濯干し場所等），障がい者への配慮（情報伝達方法等），寒さ熱さ対策，衛生・保健（土足厳禁，医療スタッフや健康相談の場所），本部やミーティングの場所，物資管理空間，情報掲示方法等の検討が必要となります。また，ダンボールベッドや畳床を活用した要支援者の福祉スペース・福祉避難所で必要な介護用品，外傷だけでなく慢性疾患患者への薬，食物アレルギー対応の食事等，多様なニーズにあった設備・物資の準備等が必要となります。

● 高齢者・障がい者

石川 永子

■災害時要配慮者と避難支援，避難生活支援

　災害発生時に，高齢者や障がい者が被災したまちのなかを避難したり，日常の医療や福祉サービスが低下するなかで，長期間，避難生活を強いられる可能性があります。どのような支援があり，どのように行動したらよいのでしょうか。

　災害時にとくに支援が必要となる人（要介護高齢者，障がい者，乳幼児，妊婦，病者等）を，「災害時要配慮者」と定め，都道府県や市町村が必要な対応をすすめています。避難については，要配慮者のうち避難時にサポートが必要な人を「避難行動要支援者」とし名簿を作成し，情報の伝え方の工夫をすすめています。一般の避難所等での生活が困難な人は多くいるので，あらかじめ市町村と協定を結んでいる老人福祉施設や障がい者施設等に福祉避難所が設置されます。

■災害時の医療と在宅避難者

　直後に必要な医療は，災害の種類や規模によります。大震災では，建物の倒壊による負傷者が多く病院に運ばれますが，津波による被害が大きいと死者数に対して負傷者数が少なくなります（阪神：死者6434名〔行方不明3名〕・負傷者4万3792名，東日本：死者1万5894名〔行方不明2561名〕・負傷者6152名）。よって，被災地外からの支援も，地域医療機能の低下に伴う慢性疾患への対応や，透析・在宅酸素吸入等が必要な方の被災地外搬送，在宅医療等の継続などが重要になります。

　災害発生後，事前に災害医療の訓練を受け登録した全国の医師や看護師，医療コーディネートを行う人材で構成されたDMAT（Disaster Medical Assistance Team）等の災害医療派遣チームが，当日・翌日には被災地に入り，患者の広域搬送や被災地内の災害拠点病院を中心とした医療支援を行います。加えて，被災地内では，たとえば東日本大震災の宮城県南三陸町で，地元病院の医師が災害医療コーディネーターとなり，外部支援と被災地の医療ニーズの調整をすすめたように，今後体制が整備されていくでしょう。また，看護師等が避難所を巡回し，一般避難所では難しい人には福祉避難所や病院，老人保健施設等へ

うつす判断をします。

　しかし，東日本大震災では，高齢者や妊婦や障がい者などの災害時要配慮者は，津波被害を免れた近隣の住宅に縁者を頼って避難した人も多かったといわれています（縁者避難）。避難所での生活環境が厳しく，避難所から縁者避難に切り替えた人も相当数います。在宅避難や縁者避難により災害時要配慮者が分散し，安否確認や健康状態の確認が困難なため，看護師を中心に民家を訪問しハイリスク被災者への支援につなげていくことが求められました。

　もし，家族に要配慮者がいる場合は，避難所にいる場合は運営する役員や巡回する看護師に状況を伝えて，福祉避難所や一般避難所の福祉コーナーにうつしてもらう，近隣に要配慮者がいる場合は，地域の役員等に伝えて看護師等の自宅訪問等に来てもらう等，可能な限り情報を発信することも大切です。

■避難所生活における配慮

　災害直後の水道が止まっているときに大きな問題になるのは，トイレです。食料・水と共に携帯トイレ等（洋便器にかけられるビニールと凝固剤・消毒剤のセット）の備蓄が重要です。また，高齢者等には，避難所の自分の場所からトイレの動線も大切で，阪神・淡路大震災では，避難所に通路等が少なく他人を踏まないように歩くのが大変で，かつ，仮設トイレは段差があり和式が多く，トイレの回数を減らすため水分を控え，体調を崩すなどの問題もありました。

　また，最近は，ダンボールベッドやパーテーション等を扱う民間業者と自治体間で災害時の協定を結び供給する例も増えてきています。

　加えて，障がい者が避難所で暮らすためにさまざまな工夫が必要です。たとえば，視覚障がい者は，広い体育館のなかでは壁際等以外は自分の位置がわからないため入口付近やコーナーに座れるようにしたり，聴覚障がい者は，食事等の配布を掲示板や壁に重要な情報を書いて掲示する等です。また，発達障がいのある子どもが混雑する避難所という非日常的な空間で混乱し大声を出したり，狭い空間が落ち着く自閉症の人が大勢の人と避難所の大空間で過ごすのが苦痛で避難所にいられなくなるという例が多く報告されています。それらの教訓をふまえて，避難所内に要配慮者のための福祉コーナーを設けてスタッフを配置したり，教室などの小空間を提供するなどが必要です。障がい者団体では，災害時のマニュアルや，他の人に状況を伝えるツールなどを作成して工夫

しています。

■福祉避難所の整備と課題

　災害発生後，訪問ケアサービスや周囲の方のサポートが受けられなくなり，在宅生活が困難な人のうちとくに必要な人に，一時的に特別養護老人ホームなどの施設が定員を超過して受け入れることもあります。この調整は市町村の判断も必要になります。一方で，施設内の一部を福祉避難所として要配慮者に提供します。基本的には巡回看護師チーム等が福祉避難所に入る人を判断してきめるので，現状では，突然，福祉避難所に行っても受入れはできません。電気水道等が停止するなかで，震災前からの入所者へのケアの継続と同時進行となるので，福祉避難所となる施設と行政でも，スタッフや必要な福祉用具や医療品の確保など，運営面での事前の準備や体制づくりが非常に重要な課題となっています。

　福祉避難所には災害救助法で国が費用を負担する形で，生活相談員をおいたり，要配慮者の状態により，ポータブルトイレ，手すり，仮設スロープ，情報伝達等の器物，紙おむつやストーマ器具等の消耗機材を設置することができます。福祉避難所は，通常は福祉施設に設置されることが多いですが，東日本大震災の石巻市の遊学館の体育館など，高齢者の多い避難所を福祉避難所としての機能をもたせ高齢者をあつめ医療人材を集中した例もあります。同市の桃生トレーニングセンターでは理学療法士等が加わり，高齢者等が生活機能をおとさずに避難生活をする試みがされました。

■今後の課題と動き

　高齢者や障がい者の避難生活では，①在宅避難をしている要配慮者の状況の確認とケア，②一般避難所等でのトイレや情報伝達方法等の工夫，③一般の避難所では生活することが難しい特別な配慮が必要な人を対象とした福祉避難所の開設と運営のための空間や専門人材の確保，④災害直後の外部医療支援と避難所等の避難者のニーズを調整する，等のポイントがあります。

　福祉避難所については，現在も議論が継続中で，①二次避難所としてだけでなく，とくに障がい者や妊婦，乳幼児等は移動の負担も考慮し，あらかじめ福祉避難所を指定し対象者に周知する，②災害後の時間経過で避難者の特性も変容するのでその対応，③福祉避難所は指定するだけでなく，当事者団体や地元専門職団体との連携，人材確保や運営マニュアル作成と訓練を行うことが重要です。

災害に対応するために

行政職員の行動リスト

● 災害対策本部の役割

阪本真由美

■災害対策本部とは

　災害が発生する，あるいは発生するおそれがあるときに，行政が組織ぐるみで災害対応を迅速かつ強力にすすめるために，災害対策本部が設置されます。大きな災害が起こると，電気・水道・通信網・道路などのライフラインが断絶した状況のなか，余震・事故による二次的被害の拡大を軽減し，避難所で生活する被災者へ緊急支援物資を提供しなければならないというように，平常時とは異なる業務が次々と発生します。災害対策本部を設置することにより，組織体制を平常時の体制から災害対応体制へと切り替え，組織が一丸となり全庁で対応します。また，災害対策に関する情報を災害対策本部に一元的に集約し，迅速な意思決定を行います。

■地方自治体の災害対策本部

　災害が発生したときに，地域と住民の命，体，財産を守る役割を担うのが県や市町村などの地方自治体です。災害が発生する，あるいは発生するおそれがあるときには，知事または市町村長により災害対策本部が設置されます。災害対策本部の構成・業務内容は，地域防災計画に定められています。災害対策本部は，災害対策本部長，副本部長，本部員から構成され，本部長は，知事・市町村長が，副本部長，本部員は，知事または市町村長が任命する職員により構成されることになっています。また，本部長を補佐するとともに，災害対応に関する意思決定を迅速かつ的確に行うために専任スタッフとして危機管理監などのポストをおいている自治体もあります。危機管理監が部長級より上（特別職相当）の場合は，各部局長に対して指示を出しやすく，円滑に災害対応を行うことができます。

　災害対策本部の中心となり，災害対策に関する業務全般を総括するのが災害対策本部事務局です。災害対策本部事務局は，防災・危機管理部局が対応することになっています。地域防災計画では，災害対策本部事務局の業務として，災害対策本部・本部会議に関すること，情報のとりまとめ，防災関係機関との

連絡調整，防災対策実施の総括などが挙げられています。災害対策本部事務局には，各部局，関係機関からの連絡担当者（リエゾン）が配置され，自部局・組織との連絡調整にあたります。

写真　東日本大震災時の宮城県災害対策本部事務局
出典：人と防災未来センター

　災害対応に関するさまざまな事項を検討して，災害対応の戦略を総合的に決定する場が，災害対策本部会議です。災害対策本部会議は，本部長，副本部長，本部員から構成されます。災害対策本部会議は，災害対応を迅速にすすめるうえでも重要なものですが，本部員が被害状況を報告するだけでは効果的ではありません。各部局が直面している課題を共有するとともに，共通の災害対応の目標を設定し，それに向けて誰がどのように取り組むのかを調整する場として機能させる必要があります。

■国の災害対策本部

　災害の規模が大きく，地方自治体では対応が難しいときににには，国の災害対策本部が設置されます。国の災害対策本部は，災害の規模や状況に応じて「非常災害対策本部」「緊急災害対策本部」が設置されます。

　非常災害対策本部の本部長は，国務大臣が務め，副本部長，本部員は，内閣官房あるいは，指定行政機関の職員・指定地方行政機関の長などから内閣総理大臣が任命します。

　緊急災害対策本部は，国としての総力を結集しなければならないほど激甚な被害をもたらす災害が起こった際に設置されます。内閣総理大臣が本部長を，各国務大臣が本部員を務め，政府が一体となって災害対応を行います。緊急対策本部は，1995年1月17日の阪神・淡路大震災後を受けて設置が定められたものであり，阪神・淡路大震災，東日本大震災において設置されました。非常災害対策本部は内閣府に，緊急災害対策本部は首相官邸に設置されることになっています。阪神・淡路大震災時には，東京では，情報の収集・集約，地方自治体との連絡が困難でした。そのため，状況に応じて，地方自治体との連絡調

整，被災地の情報集約などを目的に，被災地に現地対策本部が設置されることがあります。2011年３月11日の東日本大震災では，岩手県・宮城県・福島県の３県に緊急災害現地対策本部が設置されました。なお，国の災害対策に関する業務を管轄しているのが内閣府防災担当です。内閣府は，2001年の国の行政機能改革により新たに設置され，災害対応に関する総合調整を行ないます。

　災害対策本部は災害発生直後の応急対応のために設置されますが，災害対応のフェーズの移行とともにその役割は災害復旧・復興本部へと移ります。どのタイミングで災害復旧・復興本部を設置し，どのように業務を移行させるのかを事前に検討しておく必要があります。

■迅速な災害対応のために

　災害対策本部は，迅速な災害対応を行うためには不可欠な仕組みです。しかしながら，近年起こった災害では，以下のような課題も示されています。

　第１に，災害対応を想定した人材育成が行われていない点です。地方自治体の職員は平常時の業務に加えて，災害時の業務という２つのミッションをもっているはずですが，このことが十分に周知されていません。災害対応を念頭に職員の人材育成を充実させる必要があります。

　第２に，災害対応のための組織体制が十分に検討されていない点です。災害時には，避難所，物資など，通常の行政業務にはない業務が多数発生します。それにもかかわらず，災害対応業務についても通常の部局編成のまま行うと，特定の部局に過度の業務が集中し，業務が停滞しかねません。災害時に発生する業務に応じた体制を構築しておくとともに，災害発生後は災害対策本部会議を効果的に活用して柔軟に部局体制を見直す必要があります。

　第３に，災害時の職員の勤務体制が検討されていない点です。大規模災害の場合は，災害対応も長期化します。東日本大震災の時，宮城県では24時間勤務体制が３ヶ月間続きました。そのため，長期化する業務に備え職員の勤務体制を検討する必要があります。

　災害対策本部は，迅速かつ的確な災害対応を行うための仕組みです。そのような仕組みを効果的に活用するための体制づくりや人材育成を事前に検討しておくとともに，実践的な訓練を積み重ねることが大切です。

● 自治体間連携

阪本真由美

■災害時の自治体の事業継続をめぐる課題

　大規模な災害が発生し，県市町村などの基礎自治体が被害を受けると，自治体が単独で災害対応を行うことが難しくなります。しかしながら，災害が発生すると，被災者支援，罹災証明の発給，仮設住宅の建設などの膨大な災害関連業務が発生します。災害により被害を受けた自治体が，行政サービスを継続するためには自治体間の連携が重要になります。

　2011年3月11日の東日本大震災では，東日本の太平洋沿岸の市町村が大きな被害を受けました。津波により庁舎が全壊する，あるいは，職員が多数犠牲になった自治体もあり，災害対応が困難な状況におかれました。そのため，日本全国の自治体から職員の派遣が行われ，それにより復旧・復興業務がすすめられました。

■災害時の自治体間広域連携と災害対策基本法

　災害時の自治体間の連携は，古くは1891年10月28日の濃尾地震，1923年9月1日の関東大震災においてもみられます。関東大震災では，地震から4日後の9月5日に，大阪府知事の発起により，関西地方の京都府・兵庫県・奈良県・和歌山県・高知県・愛媛県・徳島県・香川県の各府県知事が大阪府に集まり，連携して被災地支援を行うために「関西府県総合震災救護事務所」が設置されました。事務所にはその後，岡山県・広島県・山口県・鳥取県・福井県・石川県も参加しました。関西府県総合震災救護事務局出張所が大阪に設置され，通信・記録・庶務・会計・物資・輸送・建築の係が設けられ，各府県からの出張職員により事務が行われました（内務省社会局 1926「大正震災志」）。

　災害時の自治体間の広域連携は，1959年9月の伊勢湾台風後に制度化がすすみました。伊勢湾台風では，愛知県・岐阜県・三重県の3県が大きな被害を受けました。被災県だけでは災害対応は難しく，国と自治体とが連携して災害対応にあたるために，1959年9月29日の閣僚会議で災害復旧対策協議会（会長＝内閣官房長官）が設置されることになりました。また，愛知県庁内に「中部日

本災害対策本部」が設置されました。中部日本災害対策本部の本部長は国務大臣（副総理）が，副本部長は各省庁の次官が，本部員は各省庁の部局長がつとめ，愛知県・三重県・岐阜県と名古屋市，関係機関などが加わるというように，国と自治体とが連携して災害対応にあたりました。伊勢湾台風の災害対応においては災害救助法（1947年制定），消防法（1948年制定），水防法（1949年制定）などの法を管轄する省庁ごとに調整が必要であり，加えて法律に定められていない事項は各自治体が独自に判断して対応しなければなりませんでした。そのため，災害対策に関する基本的な法律の制定に向けての動きが高まり，1961年に災害対策基本法が制定されました。

　災害対策基本法は，自治体が「相互に協力するように努めなければならない」（5条の2）ことを定めています。また，災害時における職員の派遣（29〜33条），他の市町村等に対する応援の要求（67条），都道府県知事等に対する応援の要求等（68条），災害派遣要請の要求等（68条の2），都道府県知事などに対する応援の要求（74条）等，災害時の自治体間の連携に関する条項が多くあります。

■災害時の相互応援に関する協定

　1995年1月17日の阪神・淡路大震災は，災害対策基本法制定後に，日本を襲った最も大きな災害のひとつです。被災地の兵庫県・神戸市・芦屋市などには，日本全国の自治体から多くの支援が寄せられました。しかしながら，災害対応に追われた自治体は，支援の申し入れに対応することが困難でした。個々の自治体の能力をはるかに超える支援を受入れるためには，事前に受入れ体制を明確化しておくことが重要であるということが認識されました。そして，1996年の災害対策基本法の改正において，新たに，地方公共団体間の相互応援に関する協定の締結に関する事項（8条2項12号）が加えられました。

　災害対策基本法の改正を受けて，広域での自治体間連携を定めた相互応援協定の締結がすすみました。全国知事会は，1996年に，北海道・東北地方，関東地方，中部圏，近畿ブロック，中国地方，四国，九州地方というように，全国を7つの地域ブロックに区分し，ブロック内での災害時相互応援協定（以下，「ブロック協定」）を定めるとともに，各ブロックでの対応が困難な場合のために全国知事会の調整の下に行われる広域応援について定めた「全国都道府県に

おける災害時等の広域応援に関する協定」を締結しました。

2011年3月11日の東日本大震災では，被害が広域にわたり，相互応援協定締結先も被害にあうという課題もありました。そのようななかで，既存の自治体間連携の枠組みを超えた連携の取組みがみられました。

2010年12月に設置された関西広域連合（滋賀県，京都府，大阪府，兵庫県，和歌山県，徳島県，鳥取県から構成）では，被害が大きかった岩手県・宮城県・福島県に対し，大阪府・和歌山県が岩手県を，兵庫県・徳島県・鳥取県が宮城県を，京都府・滋賀県が福島県を，というように，支援対象県ごとに連合構成県を割り振って支援が行われました。相手（カウンターパート）を定めた支援であったことから「カウンターパート方式」による支援とよばれました。岩手県遠野市は，三陸沿岸より50kmほど内陸にあるという地理特性を活かし，三陸地方で地震・津波が起こったときには，遠野市を拠点に沿岸の被災地への支援を展開することを計画していました。2008年には「三陸地域地震災害後方支援拠点施設整備推進協議会」が設置され，訓練を積み重ねていました。東日本大震災では，災害発生直後から全国からの支援が遠野に集結し，翌日から支援活動が展開されました。

■自治体間の広域連携をめぐる課題

災害時の自治体間連携は，災害対応においては重要なものです。しかしながら，突発的に発生した災害に対して，長期間支援を継続することは，支援側の自治体にとっても予算・人員的に厳しいものです。また，災害時に全国規模で展開される自治体間の支援を調整するための仕組みはありません。全国規模での自治体間の支援調整の仕組みづくり，それを支える予算措置について今後検討する必要があります。

● 災害発生時における国の役割

佐々木晶二

■はじめに

　災害が発生した場合の国の行動規範は，基本的に法令に基づいて行われます。その原則は，情報提供と市町村等地方公共団体への支援は，すべての災害に対して行いますが，金銭的な支援については市町村および都道府県において対応が困難と想定される災害の規模になった場合に，実施されるということです。

　具体的な自衛隊や警察官の出動は，相当大規模な災害となり，国に災害対策本部や緊急災害対策本部が設置された場合，または，自衛隊に限っては都道府県知事が自衛隊の部隊に対して，災害出動の要請をした場合に出動します。

　以下，実際に必要な項目に絞って，法令上の根拠を明らかにして説明します。

■小規模な災害を含め，すべての災害に共通な国の役割

(1) 国による情報周知

　国土交通大臣が管理する河川を管理する河川事務所や地方気象台等においては，噴火，洪水などの情報提供を市町村等に対して周知します（災害対策基本法〔以下「災対法」といいます〕51条）。

(2) 警察官，自衛官等による避難指示，警戒区域の設定

　市町村は避難指示や警戒区域の設定を行います。自らの職員でそれが困難な場合，市町村長は，避難指示を警察官または海上保安官に，警戒区域の設定を警察官，海上保安官に加え，自衛官に要求できます（災対法61条，63条）。

(3) 国による技術的助言

　避難指示等を行うにあたって技術的な指導が必要な場合には，市町村長は気象台や河川事務所などに助言を求めることができ，地方気象台等は必要な助言をするものとされています（災対法61条の2）。

■比較的大規模な災害に対する国の役割

災害救助の財政的支援

　災害救助法施行令第1条に規定する一定規模の災害を越える災害（実際には

中規模の災害）では，都道府県（実際には大部分は市町村に委任）が実施する災害
救助の対策について，財政状態に応じて，最大9割を国が負担します。

■非常に大規模な災害に対する国の役割

(1) 内閣総理大臣の国民への周知

　内閣総理大臣は非常災害が発生しまたはそのおそれがあるときには，国民に
対してとるべき措置の周知措置をとらなければなりません（災対法51の2）。具
体的には，総理がテレビで注意をよびかけることなどを想定しています。

(2) 自衛隊の災害派遣

　自衛隊の部隊は，市町村長の通知に基づき部隊等の独自の判断で，または都
道府県知事の要請に基づいて，災害派遣を行います（災対法68の2）。

　警察は，警察庁長官の指示，または都道府県知事などの要請に基づいて，出
動する場合が多く，市町村の要請や通知で出動する法的枠組みは存在しません。

(3) 交通規制および車両の移動

　都道府県公安委員会は，災害発生時に災害応急対策を円滑に実施するため
に，通行禁止，制限および車両の移動を行うことができます（災対法76条から76
の4）。これは阪神・淡路大震災の教訓を踏まえて制度化されました。

　道路管理者である国，都道府県等も，豪雪などの際には，緊急通行車両の通
行のため車両を移動させることができます（災対法76条の5，6）。

(4) 国に非常災害対策本部を設置

　非常災害が発生した場合には，防災担当大臣を本部長とし，全閣僚をメン
バーとする非常災害対策本部を内閣府に設置します。これにより防災担当大臣
は，国の地方支分部局の長，都道府県知事，市町村長に対して指示できるよう
になります（災対法28条）。大規模災害時には，国，地方公共団体が統率のとれ
た行動をとることが人命を救う重要な要素となることから，特別に国に地方公
共団体に対して指示権が認められているものです。

■首都直下地震や南海トラフ巨大地震など超巨大災害時の国の役割

(1) 国の緊急災害対策本部の設置

　著しく異常かつ激甚な非常災害が発生した場合，内閣総理大臣が閣議にかけ
て，緊急災害対策本部を設置します。過去では東日本大震災の時が唯一の設置
の事例ですが，首都直下地震や南海トラフ巨大地震でも設置される見込みで

す。

　これにより，本部長（内閣総理大臣）は，各大臣および地方支分部局の長，都道府県知事，市町村長に指示でき（災対法28条の6），より一層統率のとれた応急対策が講じることができるようになります。

(2) 避難所，医療施設等の基準の特例

　国が政令で災害を指定すると，避難所に関する消防の規定，医療施設に関する医療法の規定，死体の埋葬の規定について，特例措置を講じることができます（災対法86条の2から86条の5まで）。これによって，避難所や臨時の医療施設の開設や，死体の埋葬が容易にできるようになります。

(3) 災害緊急事態の布告

　非常災害により，国の経済および公共の福祉に重大な影響を及ぼすべき異常かつ激甚な状況になったときは，内閣総理大臣は閣議にかけて災害緊急事態の布告をすることができます。これにより，上記(2)の政令が制定されたとみなされます。参議院の緊急集会をまついとまがないときは，政令で物資等の配給，価格の統制，金銭債務の支払い停止などを実施できます（災対法109条）。

(4) 警察法に基づく緊急事態の布告

　国家の緊急事態となった場合には，内閣総理大臣が，国家公安委員会の勧告に基づき緊急事態を布告できます（警察法71条）。なお，この布告は，騒乱その他の緊急事態も対象になります。この場合，内閣総理大臣が一時的に警察を統制します。また，警察官の所管区域が撤廃され，緊急事態の布告の区域で権限が行使できるようになります。ただし，警察法上，緊急事態の布告があった場合でも，個人の人権などが通常よりも侵害されることは一切ありません。

◉ 災害情報

田中　淳

■災害情報の目的と範囲

　東日本大震災は，施設により災害を封じ込めることが困難な巨大災害の存在を改めてわれわれに突き付けました。その結果，避難や救出・救助，円滑な復興等の行動判断に資することを目的とした災害情報への関心が高まってきています。

　災害情報の研究や利用は，伝統的に警報や避難勧告等災害が切迫している段階で，多くの知見が蓄積されてきました。たしかに，警報が発表され，被害が発生した直後までの応急期では，災害情報が生命を守り，二次災害等を防ぐうえで決定的な役割を果たすためです。しかし，図表1に示したように，発災前である事前準備の段階から，ハザードマップや被害想定，応急対応計画などの策定と共有に努めていくことが緊急時の情報理解や対応の成否を大きく規定します。同じく発災前の対策である被害抑止対策は主に河川護岸や耐震化など施設整備の側面が強いのですが，それでも現時点での整備状況やその効果と限界などを共有することで避難等の対策の範囲や必要性などが変わります。同様に，復旧・復興段階においても，ライフライン等の復旧情報は他の対策に大きく影響を与えますし，災害支援制度などの情報も復興を考えるうえで役に立つ

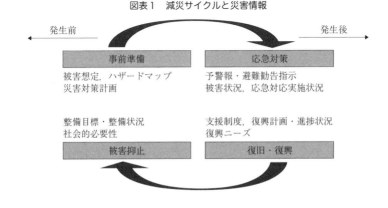

図表1　減災サイクルと災害情報

でしょう。

このように，災害情報の有効性を高めるためには，災害発生前から復興期まで災害過程全般を通じて，種々の情報を一体的に組み合わせていくことが不可欠です。さらに，災害情報は，受け手に届き，結果として受け手の行動変容に結びついて初めて意味が出てきます。したがって，その有効性を考える場合，情報の生産から伝達，受容までの全過程を統一的に考える必要があります。このことを前提としつつ，本稿では緊急時の災害情報にかかわる論点のなかから主要なものに限って紹介していくことにします。

■災害情報の不確実性への対応

警報等災害発生の切迫性を予測する情報には，科学技術の面から不確実性を伴います。このため，警報や避難勧告等の情報を出しても災害に至らない「空振り」と，情報を出していない状況で災害が発生してしまう「見逃し」が最大の論点となっています。これに対しては，「空振りは許容すれど，見逃しは避ける」ことが原則です。ただ，少なくとも1回の空振りは許容することは確認されていますが，この原則に従うかぎり警報等の軽視につながりかねません。

その解決として，ひとつの方向性が警報や情報のレベル化で，河川の水位や噴火警報で導入されています。多段階のレベルを設けておいて，発生の不確実性が高い段階ではまず低いレベルを，その後，切迫度が上がるにつれ徐々に高いレベルをというように情報を発表する考え方です。一段階だけの情報と比べて，空振り―見逃し問題の課題が改善されるものと期待されます。

もうひとつが，実際の降水量などの実況をたとえば10分ごとないしは地域的にきめ細かに提供し，推移や切迫性の変化を判断する際の参考にしようとするものです。実際の観測値ですので，すでに強い雨が降り始めていたりして，遠くに「水平避難」することは難しい状況に置かれている恐れもありますが，最後の手段として2階に上がるなどの行動変容に結びつけることはできます。

■災害情報の面的収集

阪神・淡路大震災後に地震計等の公的な観測点が飛躍的に増えましたし，ヘリ映像の活用や情報収集システムの構築など災害発生直後の情報収集体制も整備がすすみました。しかし，被害等の情報も網羅的に把握することは予想外に難しく，災害が広域化するほどその難度は高まります。市民からの通報を活用

する制度を立ち上げているところもありますが，日頃慣れていない通報を災害時に求めるには限界があります。災害に特化した行動やシステムはいざというときに使われにくく，日常でも使える仕組みである方が良いことになります。

この災害後の状況をつかむひとつの可能性として東日本大震災で注目されたのが，ビッグデータの活用でした。震災後に，災害の発生と関連する辞書作りや情報の信頼性を維持するための方策などが検討されています。ただ，被害が激しいところほど情報が入らないというのが災害情報の原則です。そうだとすると，通常と比べて明らかに流通が少ない地域は被害が大きいことが疑われます。したがって，災害後に発信されたり，流通したりしている情報に加えて，事前から基準となる発信量や流通量を把握しておくことが必要でしょう。

■メディア・ミックスと脆弱層へのアプローチ

緊急時の災害情報では，いかに早く，正確に，わかりやすく全員に伝えるかがポイントです。これまでも，法制度の整備や自動化，停電対策など，気象庁や市町村等から警報や避難勧告等を一般市民へ伝えるための工夫と努力がなされてきました。最近では，携帯端末やＳＮＳの普及が，放送以外の新たな可能性を示しています。しかし，これまでの災害の教訓は，ひとつのメディアに依存しないで，多元化を図ることが望ましいということです。

その際，個々の人が置かれた状況やメディア環境，それぞれが事前からもっている知識，災害への関心や態度によって，情報の理解や活用しやすさは大きく変化します。なかでも，地形的ないしは作業内容などによって，特定の災害に対して脆弱な層が存在することには配慮が必要です。その典型として議論されているのが，災害時要配慮者です。それ以外にも，地下街にいたり，海岸護岸の外で釣りをしていたりなど，災害に弱い地域にいる人もおり，これらの人へは切迫性が低いレベルから，場合によっては通常とは異なるメディアで伝えるべきこともありえます。災害に対する脆弱性と情報メディア環境の違いなどから，対応が必要となりそうな層をあらかじめ想定し，適切なメディアとコンテンツとを当事者を交えて用意しておくことが必要だと思います。

3
支援者

あなたが力になるために

災害ボランティア

初心者ボランティアのために

村井 雅清

■「何もできないかも知れないが，でも何か役に立つのではないか?」

中国四川省地震（2008年）が発生した時に，大阪に住む1人のボランティアがこのような思いを抱いて飛行機の切符を買い，四川省に飛んで行きました。

一見軽率な動機のように思われるかもしれませんが，阪神・淡路大震災のときのボランティアの多くも，自分が行って役に立つだろうか? 迷惑にならないだろうか? という不安を抱えながら被災地に駆けつけてきました。

そして，その四川省に行った彼は，その後東日本大震災（2011年）にもかかわり，「何もできないかも知れないからこそ，何でもできるのではないか!」と気づいたといわれました。以後，彼は2年以上にわたって東日本大震災の被災地に通い続けました。とにかく必要な情報を得て現場に行くことが先決で，現場に行けばきっと学ぶことがあるはずです。

■ボランティアの意義は「多様性」

阪神・淡路大震災後，全国から1年間で約137万人のボランティアが被災地に駆けつけてきました。その137万人のボランティアのうち，実はすでに2ヶ月で100万人を超えており，なかでもボランティアをするのは初めてという初心者ボランティアが7割も占めていたのです。

なぜボランティア元年といったのでしょう。それは，先述したように初心者ボランティアが多かったというところに理由があると思います。つまり，初心者ボランティアがくりだす活動が，「制度化の発達によって硬直化した社会の仕組み（特に行政のしくみ）の『隙間』を行動によって埋めたり縫合したりしつつ，人々と社会に『新しい価値観』の共有を呼びかけ，社会の仕組みの解体・再構築をはかろうとするところにある。」（柳田邦男 2011『「想定外」の罠——大震災と原発』文藝春秋）ということに尽きると思います。それは，十人十色のボランティアだからこそなせる多様性の意義だといえます。

■多様性と個の尊重は，ボランティアの代名詞!

被災地に駆けつけたボランティアは，一人ひとりの被災者に寄り添い，対応

します。決して「被災者のすべてに○○が必要だ！」とはなりません。被災者の一人ひとりの被災の事情が異なるからです。したがって被災者が要望することはみんな違って当然です。なかでも「災害弱者」といわれる人たちは深刻です。障がい者は，苦労して避難所にやっとの思いで辿り着いたと思ったら，障がい者用のトイレがない！　3日3晩飲まず食わずで辛抱したという証言もあります。また，乳飲み子を抱えたお母さんは粉ミルクを求めて走りまわっています。こういう事態に対してボランティアは目の前の一人ひとりに対応してきました。阪神・淡路大震災の初心者ボランティアは見事にこれをやってのけたのです。初心者だからといって，決して被災地は混乱していません。

　こうして「すべて」と一括りにして，あまねく平等に対応しようとするのではなく，「一人ひとり」という寄り添い方は，大きな価値観の転換をもたらしたことになります。こうして一人ひとりに寄り添い，違うことを理解し，個の尊重に徹すると多様性は生まれます。

■災害ボランティアは何でもありや！

　筆者は，災害時において先述したような活動を展開した初心者ボランティアの振る舞いを見て，「ボランティアは何でもありや！」といい続けています。もちろん尊いいのちを，自然を，大切にしよう！　ということを前提としてです。

　むしろ「あれしてはいけない！　これしてはいけない！」と制約をつけると，そこには多様性も生まれないし，個の尊重もできないでしょう。災害時において「何でもありや！」と乱暴なことをいうと，被災地が混乱すると思われる方が多いのですが，阪神・淡路大震災でも，2014年に発生した「平成26年8月豪雨（広島土砂災害）」でも，ボランティアは「そこそこ」自由にやっても被災地は混乱しませんでした。亡くなられた精神科医のなだいなださんは，ご自分の勤務していた施設で，アルコール依存症の患者を診ておられたときに，施設の門を閉鎖していたら，患者はその門を越えて酒場に飲みに行ったそうです。ある日，先生が門を開放して自由に飲みに行きなさいとしたら，誰も飲みに行かなくなったとのこと。そこでなだ先生は，「人間は信頼関係さえあれば，そこそこ自由にしてもやっていけるんだ！」と学ばれたそうです。「そこそこ」が大事なキーワードなのです。

■被災者支援のボランティアは，被災者の自由とは何かを考えること

　災害直後の被災者支援に行くと，被災者から求められているニーズは何か？　という議論をします。しかし，大切なのはニーズが何かではなく，被災者が自由になるということはどういうことなのかを考え，行動することではないでしょうか？　たとえば「炊き出し」は，支援する人たちが食事をつくり，被災者は配食された食事を戴くだけです。これを，炊き出しをするための道具（鍋，まな板，包丁，コンロなど）と食材を提供するから，ご自分でやりますか？　と被災者を訪ねて回ったらどうなるでしょう。「鍋釜作戦」といって，阪神・淡路大震災のときにはそのようなボランティアが生まれたのです。

　被災者に自由があればとはこういうことではないでしょうか？　きっと，ご自分で食事をつくることによって「自立」の第一歩が始まると思います。ボランティアも智恵を絞りださなければならないのです。

■復興につながる活動をしよう！

　誰でもできる足湯ボランティア（バケツにお湯をいれて，10～15分足を浸し，手は擦ります）は，至近距離で被災者と体面し，傾聴を目的とする活動です。お湯の力によって身体の芯から温まり，被災者は辛い話を含めいろいろな話をされます。ボランティアに聞いてもらうだけで，ストレスが軽減されるようです。いわば，「心のケア」にもなっているといえるでしょう。

　この被災者がボランティアに語り出す内容を分析してみると，被災者が何を求め，何に悩んでいるのかがわかる場合が少なくありません。復興の過程では，被災者にとって暮らしの再建が最も急がれることですが，そのうえで「心のケア」も忘れてはならないことです。ボランティアが被災者の傍にいるだけで，心のケアのお手伝いをしていることになるのですが，このことは被災者が自立していくための不可欠な「杖」なのかもしれません。

　とにかく，ボランティアという一歩を踏み出してみましょう‼

● 支援物資

■救援物資は被災地を襲う第2の災害

　1993年の北海道南西沖地震の際，甚大な津波被害のあった北海道奥尻町に全国から救援物資が届けられました。被災された方は何百人という規模の災害でしたが，全国から届けられたその多さは必要とする量をはるかに上回り，担当の役場職員等が不眠不休で対応しても追い付かないほどでした。そこで役場は，運送会社に委託して，まずは札幌市で仕分け作業を実施し，必要なモノだけを受け取る方法に変更しました。それでも町内に保管する場所が足りなくなり，大型のテントを新設することにしました。これにかかった費用は1億2000万円です。それなら新品を購入した方が良かったのではとの指摘もあります。

　その2年後，1995年阪神・淡路大震災でも大きな課題となりました。その年はボランティア元年といわれたほど，全国から多くのボランティアが駆けつけました。その活動内容で「救援物資の仕分け作業」は大きなウェートを占めました。被災者支援のために訪れたボランティアのなかには，被災者には誰とも出会えず，ただモノにまみれて黙々と救援物資と格闘せざるを得なかった人もいたほどです。

　被災した兵庫県や各市町村が準備した保管倉庫にうず高く積まれた段ボールは，箱の外からは何が入っているかはわかりません。まずはひと箱ずつ開封して中身を確認し，同種類のものに仕分けをしていきます。なかには，人が握ったおにぎりがすでに腐敗していたり，何に効くかは素人ではわからないような病院でもらった薬の残り，もはや不用品としか思えないような中古のスキー板や壊れたおもちゃなどもあったりしました。そして断然多かったのは古着です。衣類は，サイズや男女，季節，色，好みがあります。さらに古着は，清潔さやほころび，年代なども課題となります。着の身着のまま避難された震災当初は別として，当然ながら日が経つにつれ供給が過剰となっていきます。ある市では，2300万円もの費用をかけて焼却処分せざるを得なくなった事例もありました。

　2004年新潟県中越地震の際も悲劇は繰り返されました。長岡市では，10tトラック約450台分が昼夜を問わず到着し，保管スペースとして，市役所の会議

第3章　[支援者]あなたが力になるために　● 035

室や廊下などの空間を次々に埋めていきました。またその対応にあたったのは，地域防災計画により福祉部局の職員でした。しかし，災害時要援護者対応など，最も大事な本来業務にも支障をきたしたことはいうまでもありません（震災がつなぐ全国ネットワーク2008『中越発　救援物資はもういらない!?──新しい善意（マゴコロ）の届け方』）。

■東日本大震災における現状

　内閣府（防災担当）がまとめた「東日本大震災における災害応急対策の主な課題」（平成24年7月）のなかにもこの課題は取り上げられています。「被災地でのニーズの変化等により，救援物資が一時的に被災地内外の倉庫に滞留する状況が発生した。」としたうえで，「県や市役所に物資が集まっていても，各避難所に物資が届かないという問題が発生した。」と。また，その理由として，「被災地への救援物資の供給が滞っている原因には，道路や港湾等の被災による輸送路途絶や仕分け作業の非効率の他，ガソリン等輸送燃料の不足や車両・ドライバー確保の難しさ等が挙げられる。」と明記されています。

　つまり，全国から届けられた救援物資は，県や市役所等の集積地までは届いたが，結局，一番肝心の被災者にはタイムリーに届けられなかったことがわかります。

■今後の災害への対応

　東日本大震災から1週間後，ようやく沿岸部に辿り着き，たまたま通りか

図表1　東日本大震災時の物流

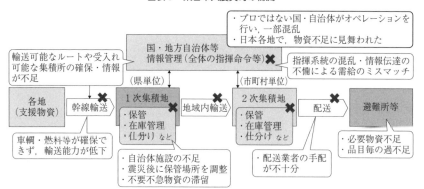

出典：国土交通省資料（東日本大震災における災害応急対策に関する検討会（第3回））

かったボランティアをよび止めた被災者が,「津波によってすべてが流された。食べるものが底をついたので,流されたものを拾って食べていた。ぜひ食糧をわけてほしい」と涙ながらに懇願したという事例もありました。だから,災害時には「モノ」が必要なのです。まずは災害救助法により,行政による迅速な対応が求められます。しかし,現実問題としては,行政対応だけでは機能し得ないことも多く,民間による支援が必要不可欠になります。しかし,これまでの事例から考えると,被災地外の不特定多数の一般市民が,被災地内の不特定多数の被災者に向けて一気にモノを送ることでは,本当の支援になっていないことがわかります。もちろん,親類や友人など,顔の見える方々に送ったり,届けたりすることはまったくの自由で,かつ必要な支援といえます。問題なのは,間に誰かを介する必要がある送り方,とくに行政へ届けるということは,もっと大切な救援のための業務に従事してもらうことの方が優先されるべきであり,この意味で,まずは送る側が闇雲に送ることは厳に慎むべきだといえます。その代わりに,実際に被災地で活動していたり,現地事情に詳しいNPOなどから正しい情報を入手し,その求めがあった場合に応じて支援に協力するということが有効になるでしょう。なお,その場合でも,段ボールの側面に内容物がわかる記述をしたり,一覧表を同封したりする配慮があると,混乱した現地の負担が少しは軽くなるでしょう。

さらに,これまでの幾多の災害現場での多くの被災者との会話から,「最終的にはモノよりお金が欲しかった」という素直な感想を聞いたり,「本当に必要なモノを事前に聞くなどして,とても丁寧に物資を頂戴しました。モノを通じて人のまごころに触れることができました。」「企業から届けられた新品の下着類は本当に助かりました。」などのエピソードもあります。一方で,「いつまでタダでもらい続けるつもりだ。こっちの商売があがったりだ。」と,ようやく再開した地元商店主らのもっともな声もありました。

つまり救援物資は,送り手と受け手双方の関係性がある時にはじめて活かされるということ,さらに適切な量や時期も考える必要があるということが重要なポイントになります。「困った方々に何か役に立ちたい」という気持ちはとても大切ですが,それが却って迷惑にならないような目配り,気配り,そして心配りが求められているのです。

⬤ 義 援 金

■義援金の使途

　義援金は災害が発生した際に，誰でも，いつでも，どこでも，金額に関係なく気軽に寄付できます。被災者の当面の生活を支えるため，人的被害，住家被害をベースに，生業被害，青少年支援等に用いられることが多いです。

　市民からの見舞金なので，公的支援と異なり，被災者の私有財産の回復にかかわるものにも配分できます。「住宅再建は自助努力が原則である」との国の見解のもと，足らずの分を義援金で補完する役割を担ってきたともいえます。とくに多額に達した時の義援金の効果は大きいものがあります。

■義援金の仕組み

　その一方で，寄付したお金が，いつ，誰に，どういう形で届いたのか見えないとの声があります。図表 1 は義援金配分の仕組みをあらわしたものです。「①全国から集まったもの」，「②被災地の都道府県レベルで集まったもの」，「③被災地の市町村レベルで集まったもの」が被災者に届けられます。①では，通常，日本赤十字社，中央共同募金会，NHK，NHK 厚生文化事業団で義援金を受け付けます。東日本大震災では特別に政府（内閣府）も受け付けています。厚生労働省が事務局を担う「義援金配分割合決定委員会」にて，標準的な配分基準を定め都道府県に配分します。都道府県でも義援金配分委員会が設けられ，①に②を足して，配分基準をもとに実際の配分対象や配分額を決め，被災市町村に渡します。市町村ではこれらを被災者に配分するとともに，③については独自の配分委員会を設け配分します。図表 3 は東日本人震災における宮城県気仙沼市と岩手県釜石市の例を示したものです。宮城県では津波浸水区域における住家被害加算分があります（しかし，住家見舞金額自体は岩手の方が多い）。市レベルでも配分策が違います。同じ災害でも被災市町村で異なるのがわかります。

　また，実際の配分作業は決してたやすくはありません。義援金がいつ，どこまで増えるかわからないので，どの時点で，どの人を対象に配分するのか等判

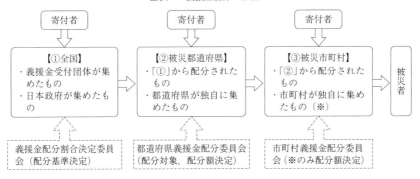

図表1　義援金配分の仕組み

図表2　過去の災害による義援金の規模

災　害	(a)金額 (億円)	(b)全半壊（焼） 世帯数	(c)1世帯平均配 分額（万円）	(参考）全壊の場合 の配分額（万円）
①雲仙岳噴火災害	234	727	3219	450
②北海道南西沖地震（奥尻島）	260	1,032	2519	400
③阪神・淡路大震災	1793	448,929	40	45
④新潟県中越地震	372	17,277	215	440
⑤能登半島地震	32	1,983	161	170

断がつきにくいです。巨大災害では被害の全容をつかむのにも時間を要します。そのうえで，人的被害では死者，行方不明者だけでなく重傷者を含めるのか，住家被害では，全壊，半壊，浸水等被害の程度をどこまでとするのか，生業被害や孤児，遺児等には配慮しないのか，そして，集まり具合を睨みながら配分を決めねばなりません。日赤では，配分にあたって「迅速性」「透明性」「公平性」に配慮するとしていますが，自治体レベルでは，公平性に最も気を使うようです。そうした事情ゆえ，義援金の配分に時間を要すると考えられます。

■義援金の格差

　図表2は過去の災害における義援金の規模を示したものです。大まかには，「(a)集まった金額」を「(b)被災世帯数」で割ることで，「(c)被災世帯あたりの配分額」をつかむことができます。①雲仙普賢岳噴火災害では3219万円であるのに対し，③阪神・淡路大震災では40万円にしかすぎません。③では①の7倍以上のお金が集まったものの，被災世帯数がそれ以上に大きかったからです。

「市民の自発的意思によって拠出された民間の寄付金」（日赤）であるが故に，そうした状況が発生することになります。

■多様化する寄付の仕方

　義援金は，市民が寄付した「民」のお金を実質的には「官」が配分する「お任せ」の仕組みになっています。この点，使途が明確な「支援金」に寄付をする市民もいます。被災者のための事業に使われますが，直接お金を手渡すものではありません。ジャパン・プラットフォームでは，東日本大震災支援のため約72億円の支援金を（2015年5月末時点），日本財団のROADプロジェクト東日本大震災支援基金では約90億円の支援金を集めました（2015年1月末時点）。被災自治体でも，義援金とは別に支援金を集めています。

　ミュージックセキュリティ社による「セキュリテ被災地応援ファンド」では，インターネットを通して寄付したい事業者を選ぶことができます。一口が出資金5000円＋応援金（寄付金）5000円＋手数料500円で，出資による見返りより再建のため寄付する方が多いようです。事業所の状況がネットで見られ，報告会や現地説明会も設けられています。支援する側と受ける側の思いをつなぐ点に特色があります。2015年10月に総額11億円近くの支援金を集め，38の被災事業者のファンドがすべて完了しました。寄付の仕方が多様化しています。

■義援金を融通できないか

　義援金は当該災害のためにすべて使い切ることから，集まった金額と被災者数によって格差が生じてきました。そこで，寄付者の承諾を前提に義援金の一部を将来の災害にまわすことはできないでしょうか。その結果，数％でも蓄財できれば，被災後即座に義援金を配分することができます。前の義援金から助けてもらった分，将来のために留保するという発想です。また，住宅被害見舞金で多額を支給できる場合には，残った額の一定割合を別の災害のために留保する，といったこともできれば，少しでも格差を減らすことにつながります。

　寄付者の善意が少しでも役立つよう義援金のあり方を国民全体で議論する必要があるのではないかと思います。

図表3 東日本大震災における宮城県気仙沼市と岩手県釜石市の義援金配分状況（2015年7月31日現在）

配分メニュー		宮城県気仙沼市配分額（単位：千円）				岩手県釜石市配分額（単位：千円）			
		①	②	③	計	①	②	③	計
人的被害	死亡・行方不明者	1,040	160	80	1,280	1,194	563	73	1830
	災害障害見舞金支給対象者	140	110	45	295	—	—	—	—
住家被害	全壊（単身世帯）	960	150	30	1,140	1,194	563	58	1,815
	全壊（2－4人世帯）	960	150	50	1,160	1,194	563	58	1,815
	全壊（5人以上世帯）	960	150	70	1,180	1,194	563	58	1,815
	大規模半壊（単身世帯）	730	100	23	853	602	483	58	1.143
	大規模半壊（2－4人世帯）	730	100	38	868	602	483	58	1.143
	大規模半壊（5人以上世帯）	730	100	53	883	602	483	58	1.143
	半壊（単身世帯）	490	50	15	555	—	—	—	—
	半壊（2－4人世帯）	490	50	25	565	—	—	—	—
	半壊（5人以上世帯）	490	50	35	575	—	—	—	—
	一部損壊（浸水区域内）、貸家等所有者、事情により不在世帯、ひとり親世帯、要介護・障がい者世帯	—	—	—	—	—	—	100	100
津波浸水区域における住家被害（加算分）	全壊	340	50	8	398	—	—	—	—
	大規模半壊	200	40	6	246	—	—	—	—
	半壊	120	30	7	157	—	—	—	—
	仮設住宅未利用世帯	100	—	—	100	—	—	—	—
中小企業等事業者（業種、資本金、従業員数等要件有）		—	—	—	—	—	—	100	100
震災孤児		—	500	20	520	—	—	1.000	1,000
母子・父子世帯		150	210	23	383	—	—	500	500
高齢者施設・障害者施設入所者等	全壊	150	110	23	283	—	1.172	—	1.172
	大規模半壊	—	—	—	—	—	591	—	591
	半壊	—	—	—	—	—	—	—	—

専門ボランティア

菅 磨志保

■災害対応における「専門ボランティア」

　災害対応の現場では高度な専門的知識・技能が求められることが少なくありません。そのため，従来から防災行政では，災害時に求められる技能をもった専門家（保健・医療，建築，情報通信，外国語等）を，事前に登録したり，協定を締結するという形で，地域防災計画に位置づけてきました。

　こうした専門家のあり方に大きな影響を与えたのが阪神・淡路大震災でした。この震災で注目されたのは，特別な技能をもたない一般市民によるボランティアでしたが，専門的技能をもった人たちによる自発的な支援活動も幅広く展開され，"専門家によるボランティア" として注目を集めました（初谷勇 1996「冷静な眼と温かい心」本間正人ほか編著『ボランティア革命』東洋経済新報社）。現在，災害対応の中で欠かせない存在として定着した「専門ボランティア」ですが，この震災を機に組織化・制度化されてきたものも少なくありません。組織化・制度化の動きは，2つの方向からすすめられていきました。

　1つは，行政が専門家を災害応急対策業務の補完として組織化していったケースです。震災後に改訂された防災基本計画の中で「災害ボランティア」を地域防災計画に位置づけることが定められたため，全国の自治体でボランティアを組み込んだ対応体制が検討されていきました。それらは「一般（非専門）ボランティア」の受入れ体制の整備と，専門的知識・技能の保持者を「専門ボランティア」として事前に登録するという形ですすめられ（菅磨志保 2003「災害救援とボランティア」日本都市学会年報 vol.36），とくに後者については自治体だけでなく，中央省庁を通じて全国的に組織化されていったものもありました。

　もう1つは，専門家自身による取組みです。この震災によって，改めて災害時に必要な専門性が認識されることになり，職業倫埋や社会貢献を強く意識した専門家自身が，自発的な（対価を求めない，かつ業務命令でもない）活動として，しかし個人ではなく組織的な活動として，災害を想定した支援体制を作っていく動きを生み出していきました。

以下では，行政主導による組織化と，専門家自身による組織化の事例を取り上げ，それぞれ検討していきます。

■防災行政による組織化——応急危険度判定士

　阪神・淡路大震災を契機に，全国的な規模で育成・組織化がすすめられた「専門ボランティア」として，建設省（当時）が主導した「応急危険度判定士」（以下，判定士とする）の登録制度が挙げられます。判定士は，都道府県が行う研修を受けた１・２級の建築士で，研修終了後，都道府県に登録します。そして地震が発生したら，都道府県の要請を受けて被災建物の危険性を３段階（赤＝危険・立入禁止，黄＝注意，緑＝使用可）で判定し，その結果を建物に貼り出すことで，被災住民への情報提供と一時的な安全確保を行います。1996年に発足した「全国被災建築物応急危険度判定協議会」で，相互の支援体制や判定内容の標準化などが協議されてきましたが，判定結果に法的な拘束力はありません（中川和之1997「資料編４　災害救援とボランティアに関する中央省庁の具体的取り組み」21世紀の関西を考える会編『到来しつつあるボランティア社会を前提とした災害救援システムの実現に向けて』）。

　この判定士の活動は，自治体の災害応急対策業務との連携を前提に行われ，行政補完的な役割を果たすことになるため，純粋なボランティア活動とはいいにくい側面もありますが，専門家の高い社会貢献意識に支えられている活動でもあります。2008年の岩手・宮城内陸地震では，全国協議会のマニュアルにない３人チーム体制（通常２人一組になるところを，住民への現場説明を行う人員を１人つけた）を導入するなど，専門家らしい創意工夫も行われていました（中川和之2008「専門知の仕組み化進む専門ボランティア」菅磨志保ほか編著『災害ボランティア論入門』弘文堂124頁）。

■専門家・職能集団による支援体制の構築——阪神・淡路まちづくり支援機構

　災害の規模が大きいほど，長期にわたり，さまざまな問題が発生してきます。救援活動に目途がたった阪神・淡路大震災の被災地でも，住宅の再建や復興まちづくりを前に，複雑な問題が顕在化していきました。たとえば，地面が動いて土地の境界がずれたり，倒壊・焼失した建物の権利関係がわからないといった問題です。これらの問題は，対応する法律が無かったり，複数の専門領域（不動産の評価と税務，登記や測量など）にまたがっていて，すぐに判断・解決できないものが多く，生活再建・復興に動き出した被災者・被災地域の大きな

足かせになっていました。

　こうした問題に対して分野の異なる専門家が「ワンパック相談隊」を組織
し，行政の支援が届きにくい地域のまちづくりを支援する活動を展開していき
ました。そして1996年9月，弁護士，税理士，不動産鑑定士，司法書士など6
職種9団体が，それぞれの専門性を生かしつつ連携し，住民による主体的な問
題解決を支援する組織として正式に「阪神・淡路まちづくり支援機構」を発足
させました（阪神・淡路まちづくり支援機構ホームページ http://sienkiko.blog103.fc2.
com/blog-entry-3.html〔2015年12月10日確認〕）。

　その活動は，多くの成果を生み出してきましたが，全国各地で災害が多発し
ていくなかで，事前にこうした組織を立ち上げておく必要性が認識され，2000
年以降，巨大災害が予測される地域での支援機構の立上も支援してきました。
2000年には東京都で，2003年には宮城県で，それぞれ支援機構が発足していま
す（阪神・淡路まちづくり支援機構付属研究会編 2014『士業・専門家の災害復興支援』
クリエイツかもがわ）。

■専門ボランティアをめぐる課題

　専門家自らが，その知識と技能を生かして行う社会貢献活動は「プロボノ」
（ラテン語で「公共善」を意味する pro bono publico の略）とよばれていますが（『知恵
蔵』2015年），紹介してきた一連の活動も，災害時のプロボノといっても良いで
しょう。ただし，災害という特殊な環境下で行う活動ゆえの課題もあります。

　まず，専門ボランティアが災害時に提供する支援の多くは，普段は有償で提
供されるサービスであるため，支援の継続が地元の復興を阻害する可能性もあ
ります。被災地の復旧状況に合わせて，支援の質・量を変えながら撤退のタイ
ミングを図っていくこと，被災地域の同業者が自立して行くために必要な側面
的な支援に切り替えていくことが求められます。

　また，行政補完的な活動の場合，専門性に裏付けられた高い倫理観・社会貢
献意識に基づく自主的な活動であったとしても，自発性・主体性が発揮しにく
くなります。半ば「動員」されて活動する場合も，専門家の自主性を生かせる
ような体制を事前に設計しておくことが必要です。そのためにも，専門ボラン
ティアを受け入れ，連携・協働する行政機関の側で，日常的にどのような体制
を用意しておくかを検討しておくことも必要でしょう。

命を救うために考えること

残された研究課題

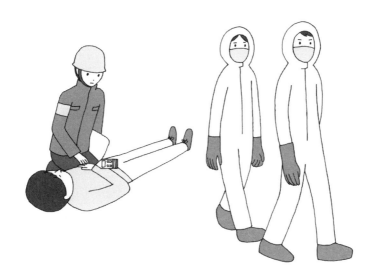

● 災害時医療

永井 幸寿

■災害救助法による救助

　災害救助法では，都道府県知事は救助を実施することができます（4条1項）。災害の医療にかかわる救助は「医療」「助産」です（4号）。

　災害の医療の目的は，災害のために医療機関が混乱し，被災地の住民が医療の途を失った場合，応急的に医療を提供し，被災者の保護を図ることです。したがって，災害によって発症した傷病でも，災害前からある慢性疾患が災害で病院が壊滅したために治療できない場合も，災害の医療の対象となります。災害の医療の活動範囲は，診察，薬剤または治療材料の支給，手術，看護等です。

　災害の医療の活動方法は原則として救護班対応であり，それ以外の医療行為は救助の対象外とされます。救護班とは，都道府県立または市町村立の病院，診療所，日本赤十字社などの医師，薬剤師および看護師等で編成したもので，都道府県知事，日本赤十字社の派遣するものです。遺憾ながら，救護班以外の医療機関での受診は災害救助法の適用がないので国から費用が出ず自己負担となります。

　救護班では対応困難な重篤な救急患者について被災を免れた医療機関または被災地外の後方医療機関に搬送します。編成は，当初は外科・内科系を中心に編成しますが，時間の経過により精神科の医師を加えることになります。

■阪神・淡路大震災後の制度

　1995年の阪神・淡路大震災の経験で以下の制度が設けられました。

(1) 災害派遣医療チーム（DMAT）

　DMATとは，災害の発生直後の急性期（おおむね48時間以内）に活動が開始できる機動性をもった，専門的な研修訓練を受けた災害派遣チームです。1隊の構成は医師1名，看護師2名，業務調整員1名の4名を基本とします。「防災基本計画」「厚生労働省防災業務計画」「日本DMAT活動要領」に規定されてます。病院支援，域内搬送，現場活動，後方支援等などを行います。

(2) 災害拠点病院

　災害拠点病院は，災害発生時に，災害医療を行う医療機関を支援する病院です。「阪神・淡路大震災を契機とした災害医療体制のあり方に関する研究会」の研究発表を受けて，厚生省（当時）は「災害時における初期救急医療体制の充実強化について」を発しました。災害が発生し，通常の医療体制では被災者に対する適切な医療を提供することが困難になった場合，都道府県知事の要請で，傷病者の受け入れや医療救護班の派遣等を行います。

　拠点病院の要件は，①24時間対応して被災地内の傷病者などの受け入れ搬送が行えること，②被災地からの傷病者受け入れ拠点になること，③消防（緊急消防援助隊）と連携した医療救護班の派遣体制があること，④耐震構造，水，電気の維持機能があること，⑤ヘリコプターの離着陸場所，⑥医療チームの派遣用の緊急車両の保有などです。

■災害看護

　災害看護は災害時の看護支援活動であり，医師の医療行為の補助だけでなく，被災者の生命健康，安全の確保，健康管理を行います。

　東日本大震災では，避難所のトイレが満杯になりました。トイレが使用できないと被災者は食事や水分を控えるので，体力・抵抗力の低下で感染症の罹患，高齢者の衰弱，慢性疾患の増悪や，脱水症状，膀胱炎，エコノミークラス症候群の罹患が生じ，また，汚染トイレは感染症の温床となります。そこで，看護師は消毒薬を使用して行うトイレの清掃の仕方について避難者と一緒に清掃しながら指導し，また，清掃の当番を決めて自主的に実施できるように指導しました。また，インフルエンザ・ノロウイルス等の流行の防止のため，避難者には手洗いやうがいを指導し，水がないときは速乾性擦式手指消毒剤を使用しました。

　次に，被災者が避難所から仮設住宅に移ると，孤立する可能性があり，孤独死の防止，自殺の防止，うつ病の防止等のために，安否確認，見守り，集会室を通じた，イベント，習いごと等によるコミュニティの創造支援を行いました。さらに復興住宅では，高齢者が多い，認知症が増加しやすい，閉じこもりやうつ状態が増加しやすい等の問題があり，不安や悩みに対する支援，コミュニティつくりに対する支援，生活環境の整備，薬品の管理と見守りなどが行わ

れました。

■災害医療の法律上の問題点

(1) トリアージの法令の制定

　トリアージとは限られた医療資源で可能な限り救命するために患者を緊急度と重症度に応じて選別する制度です。患者には赤，黄，緑，黒のタッグが付せられ，救命措置，搬送，治療は，赤，黄，緑，黒の順で行われます。トリアージは，①医師以外の，看護師，救命士等に実施権限があるかが問題となります。これらの者に権限がないと現実にトリアージを実施することは困難となります。そこで，トリアージは医療行為ではないという見解からは医師以外でも実施できることになります。しかし判例の定義からすればトリアージは医療行為に該当することになり，医師以外はできないことになります。また，②トリアージの判定に過誤があった場合に判定者は免責されうるかという問題があります。トリアージは多数の患者を迅速に処置すること，判定基準が相対的であること（重傷者の率が高ければ赤判定は厳しく，重傷者の率が低ければ赤判定は緩くなる）から過誤が生じる可能性は高くなります。そこで民事事件の緊急事務管理（民法698条）を適用して重過失（著しい不注意）がなければ責任を負わないという見解もあります。しかし通常の解釈では同法はトリアージには適用されないと考えざるを得ません。患者の権利意識が高まって法的手続が容易に行われていること，一旦刑事告訴や訴訟の提起がなされれば災害医療が萎縮することから，早急に法令によって上記①②の問題について根拠規定や免責規定を定めるべきです。

(2) 外国からの医療支援

　医師法2条，17条からすれば日本で医療行為を行うには，日本の医師国家試験を受験して厚生労働大臣から医師免許を受ける必要があります。これに違反した場合は罰則が適用されます（医師法31条1号）。東日本大震災では約40ヶ国から医療チーム派遣の申し入れがあり，4ヶ国からの受け入れを行いました。厚生労働省は正当業務行為（刑法35条）として違法性が阻却されるという通知を発しました。しかし，通知は法律ではないので，裁判所を拘束するものではありません。また，許容される医療行為の範囲や活動期間も明確ではありません。これについても立法によって明文化されるべきです。

● 災害時におけるロジスティック

関谷 直也

大規模災害のときは，必ずモノ不足に陥ります。それは災害時には物流システムが完全に麻痺するからです。

2011年3月11日の東北地方太平洋沖地震の後，津波の被害を受けた沿岸部はもとより，南相馬市や相馬市，いわき市などの警戒区域周辺，またそこまで大きな被害を受けなかった盛岡市，福島市，郡山市など岩手県・宮城県・福島県の内陸部，茨城県の中心部でもモノ不足が発生し，4月，5月まで解消しませんでした。また直後は被災地だけでなく首都圏までもモノ不足に陥りました。

ここで問題になるのが，「人びとは不安だから買い占め，モノ不足が発生する」のか，「モノ不足によって不安になるのか」という問題です。一般的には，前者だと思いこんでいる人が多いようです。事実，震災直後，ACジャパンは，「無駄な買い物は控えよう」というメッセージを流し，蓮舫節電啓発等担当大臣は，買いだめはやめましょうとよびかけました。石原慎太郎東京都知事は節電やコンビニでの商品流通など震災への日本国民の対応について聞かれて「津波を利用して我欲を洗い落とす必要がある。やっぱり天罰だと思う」といった発言をして，批判されました。

実は，関東大震災の際にもこのようなモノ不足は発生しています。「朝鮮人大暴動　食糧不足を口実に盛に掠奪　神奈川県知事よりは大阪，兵庫に向かひ食料の供給方を懇請せり。東京市内は全部食糧不足を口実として全市に亘り朝鮮人は大暴動を起こしつつあり……」（傍点は筆者，河北新報1923年9月3日）。朝鮮半島から来日，連行されてきた人びとが殺されたいわゆる「朝鮮人虐殺事件」は，流言（ないしはそれを狙った意図的なデマ）を原因に発生したといわれていますが，その流言が広まった背景には，食料不足や地震による井戸水の濁り，火災などを原因として人心の不安が高まったことが背景にあると考えられます。

1918年の米騒動，1974年のオイルショックによる買い占め騒動など，モノ不足そのものが問題になったこともあります。災害時かどうかにかかわらず，モノ不足，とくに食料不足は人びとの不安感をあおるものです。しかしながら東

日本大震災に限っていえば，人びとの不安によって「モノ不足」が発生したのではなく，「モノ不足」そのものの問題であったことがわかってきています。

■東日本大震災とモノ不足

　東日本大震災では，東北地方では燃料の不足が流通の大きな障害となりました。自家用車も，トラックも燃料がなければ動けません。東北では沿岸部に集中する製油所，油槽所も被災し，それらの供給が回復し，流通網が回復するまで相当程度かかりました。

　また東日本大震災では，首都圏でも食料，お米，トイレットペーパー，電池などが不足しました。しかし調査結果からは，不安にかられ買いだめという消費行動に走った人はごく少数であることもわかってきています。地域によらず，「モノ不足になっているのでとにかく買おう」という「獲得パニック」的な傾向はありません。「被災地に物資が行き渡るよう，必要以上に商品を買うべきではない」と8割の人が答えており，物資不足に対しても，9割の人が「普段と異なる買い方はしない」「不必要なものを買わない」と冷静な態度を示していました。商品別の購買傾向でみると，インスタント食品・冷凍食品，水など地震（余震）や停電に備えて，ある意味「合理的」な判断の結果としてモノを買おうとしている傾向も見てとることができます（関谷直也 2012「震災後のモノ不足とコミュニケーションのあり方」日経広告研究所報266号62〜69頁）。

　東日本大震災において地震直後に首都圏で見られた「モノ不足」は，多くの人びとが不安に駆られてモノを買うという「需要側」の衝動的な消費行動が問題という訳ではないのです。首都圏では地震後1日目に帰宅困難者となり都市部に残留した人びとが食料・飲料を求め，さらに2日目以降，地震や停電に備えようとモノを買い，結果，モノ不足に陥りました。そして一度，物資が不足するとすぐに供給が回復しないという「供給側」の問題として顕在化したのです。

　すなわちここで照射されるのは，人びとの心理の問題というよりは，首都圏のモノ・食料の供給網の脆弱性の問題です。都市域では，現在の昼間人口，夜間人口に応じて通常の外食や購買をまかなえる分だけの食材，飲料・食料また生活物資が飲食店やスーパー，コンビニエンスストアで供給されているにすぎません。首都圏約3000万人のうちの数％でも通常とは異なる購買行動をとれば，需給バランスが崩れ，モノ不足に陥るという都市の物流システムがいかに

脆弱であるかの事例ともいえるのです。

■モノ不足と災害対策

　日本国内において，自給自足の生活を行っている地域はほぼありません。大規模な災害でなくとも，島嶼部では，台風などで船便が途絶えると食料や日用品が足りなくなることはよくあります。また平時から，国内の物流は需要に合わせたぎりぎりの量しか供給されていません。在庫（デッドストック）を極力まで減らそうと，商品・サービス提供における効率性の追求（コストカット）の結果として，平時の需要に合わせてぎりぎりの量の食料，日用品しか供給されていないのです。そのため，サプライチェーン（供給網）が通常通り廻らなくなった場合，大規模なモノ不足，食料不足が発生することになります。

　関東大震災のときも，東京湾岸の倉庫群が消失し，物流網が長期間にわたって麻痺し，食料・飲料不足になり，多くの人が疎開しました。東日本大震災の経験を鑑みても，都市部が被害を受ける大規模災害が発生した後は，渋滞やガソリン不足，物流拠点の被災にともなって流通が滞ることになり，確実にモノ不足が発生します。都市部では地盤が脆弱で，津波被災，火災などの危険性が高い港湾部に流通拠点や石油製造関連施設が集中しています。南海トラフの巨大津波，首都直下地震が発生すれば，東日本大震災以上に長期間，ガソリン不足，流通の問題が生じることが否定できません。また回復までより時間がかかることは間違いありません。

　このような問題は，買いだめ・買い占めなどという問題ではなく，都市生活における効率化された流通の問題ですので，簡単には解決できません。災害後，一定期間はこの災害時の物流システムの麻痺にともなうモノ不足の問題は解決しないことを想定しておくこと，かつこれらは人びとの心理的要因だけで発生しているものではないということを認識することが大事になります。ゆえに，このモノ不足に対応するため備蓄，疎開（長期避難）などの対策が重要になります。

　なお，人心の不安を治めるためにも，災害時・緊急時のこのようなモノ不足への対応として，情報提供の方策やコミュニケーションのあり方を，あらかじめ考えておくことも重要です。災害後では，簡単に情報を伝達するのは困難です。災害発生後，新たな混乱を生まないためにも，どのようにコミュニケーションを行うべきかを考えておく意味はきわめて大きいのです。

◯ 原発避難

河﨑健一郎

■原発避難とは

　原発避難とは，原発事故の影響で，それまで暮らしてきた土地からの避難を余儀なくされることをいいます。

　復興庁が2016年3月10日付で公表した「復興5年間の現状と課題」という資料のなかでは，全国でなお約10万の人びとが避難を続けていると記載されています。

　10万人というと大変大きな数字です。事故発生から5年を経過してこの数字ですから，すでに帰還をした人や事故直後などに一時的に避難を余儀なくされた人などを含めると，この倍以上の人びとが原発事故の影響で何らかの形での避難を余儀なくされたとみられています。

　また，現在の避難者数についての復興庁の数字は，避難者の一部を取りこぼすなど，実態を正確に示していないとの批判も根強くなされています。

■政府による避難指示

　原発避難はどのように発生したのでしょうか。

　2011年3月11日に発生した福島第一原子力発電所での事故は，3回の水素爆発と2号機の格納容器損傷を伴い，大量の放射性物質が大気中に放出され，周辺住民に被ばくの危険性が高まりました。そこで，事故から数日の間に政府は，福島第一原発から半径30km以内の住民に避難等の指示を出します。こうして政府主導での原発避難が開始することになりました。国会事故調の報告書によれば，避難指示が出てから数時間後には，双葉町・大熊町・富岡町などの住民の8〜9割の人びとが避難を開始したとされています。

　避難に際しては，政府がSPEEDI（緊急時迅速放射能影響予測ネットワークシステム）の推計結果を公表しなかったため，放射性プルームとよばれる放射性物質の塊の進行方向にあえて避難をしてしまい，無用な被ばくを強いられるケースなども発生しました。

　避難を強いられた住民たちは，わずかな手荷物だけをもちながら，福島県内

外の各地に設けられた一時避難所に収容され，避難所生活を余儀なくさせられました。

　事故から約1ヶ月後には，放射線被ばくの線量を基準に避難指示の範囲を見直すべきであるとの意見が強まり，政府は4月22日，それまでの距離基準に加えて，年間に換算して20mSV以上の放射線被ばくが予想される地域に対しても，避難指示を出すことになります（距離＋線量基準）。その結果，原発から北西方向に位置する，飯舘村等の地域を加えて，避難区域が再編されることになり，これらの地域に居住する人びとも強制的に避難を余儀なくされることになりました。

■自主避難（区域外避難）の発生

　こうして政府の指示に基づく避難が発生しました。そうしたなかで，見過ごしてはならないのは，必ずしも政府から避難を強制されたわけではないものの，放射線被ばくやそれにともなう混乱などを懸念して，自ら避難を選ぶという行動が広く発生したことです。こうした行動は，政府指示による避難区域の外側からの避難という意味で区域外避難とよばれたり，また自主的な行動である，という意味で自主避難とよばれたりしました。

　典型的には人口密集地である福島市や郡山市，いわき市といった福島県内の都市部からの避難はすべて自主避難にあたります。これらの地域はいずれも政府指示による避難区域には指定されませんでしたが，住民が健康への影響を懸念する放射線量の地域を含んでいました。

　問題となったのが，どの程度の放射線被ばくが予想される状態になったら避難をすべきか，という議論です。政府は年間20mSVを下回る場合には避難の必要はない，との立場を取りました。政府指示による避難区域の設定はこうした考え方に基づいています。

　しかしこうした考え方には根強い批判がなされています。事故発生までの国内の放射線被ばくに関する法令は，そのすべてが一般人の被ばく限度を年間1mSVという水準に置いていました。年間20mSVという水準は，それまでの基準と比べて20倍もの高水準であるということになります。

　また，事故前も事故後も，たとえばレントゲン室のように，年間5mSVを上回る放射線被ばくが予想される地点は，放射線管理区域に指定され，その区域

に立ち入る際には放射線管理手帳による被ばく量の管理が義務づけられています。これを上回る水準を避難基準とすることは不合理ではないかとも批判されました。

自主避難者を過剰反応の一言で切り捨てることはできません。

■避難区域の解除と取り残される避難者

原発事故から5年が経過し，政府指示による避難区域が再編され，その一部は解除されはじめています。しかし，避難暮らしを続ける人びとは，冒頭に触れたようになお10万人を数えます。

避難者と一口にいっても，強制避難と自主避難では置かれている状況が大きく異なります。東京電力による賠償金の有無や多寡も異なりますし，政府による支援の状況も異なります。

政府や福島県はもとの居住地域に一刻も早く帰還させようと誘導していますが，思うようにはいっていないのが現状です。その背景には，放射線被ばくに関する一方的な見解のおしつけが，かえって避難者の不信感を高めてしまっている点があると思われます。

■今後の原発事故避難計画への課題

福島原発事故が発生するまで，原発は安全で絶対に事故はない，という原発安全神話のもと，具体的で実効性のある避難計画は立てられませんでした。そのことが，実際に事故が発生したのちに，情報の隠ぺいや混乱などといった形で被害の拡大につながってしまったのが，今回の原発事故の示した課題だったのではないでしょうか。

ひとたび原発事故が発生した場合には，放射性物質の拡散による影響範囲は30kmを大きく超える範囲に広がることや，実際に多数の住民を移動させ，長期にわたる避難生活を支えることは大変な困難を伴うこと，線量基準についても政府が一方的に指定したからといって，人びとが唯々諾々とその基準に従って行動するわけではないということなどを十分に踏まえた避難計画が策定されることが必要と考えられます。

避難期の課題

　震度6強の激しい揺れに見舞われ，木造住宅の密集地であちこちから上がった火の手は家を焼き尽くし，何日もくすぶり続けた。

　掛川直之の家族4人が暮らす地域は火災を免れたが，マンション群は軒並み被災していた。直之が父の進一たちと一緒に避難所から自宅マンションに行ってみると，マンションの外壁には亀裂が入り，応急危険度判定で「危険」を示す赤色のステッカーがエントランスに張られていた。

　応急危険度判定は建築士らが中心となって倒壊などの恐れがあるのかを外観から判断し，赤色の「危険」，黄色の「要注意」，緑色の「調査済み」のステッカーを張っていくものだ。

　たしかに玄関の開かない住居部分もあったが，直之の自宅は倒れた家具のガラスが散乱しているものの，室内を片づければ十分暮らせると思われた。母の和美はさっそくガラス片をゴミ袋に集めて回り，妹の舞は大切にしているクマのぬいぐるみを見つけてほっとした表情をしていた。

　応急危険度判定は被災直後，その建物に立ち入ると危険がどうか，あくまでも危険の度合いを示すものであって，建物被害を認定するものではない。

　一方，市町村による家屋の被害認定は「全壊」「大規模半壊」「半壊」「一部損壊」に区分され，その結果を記載した「罹災証明書」が交付される。そうした認定に基づき，被災者生活再建支援法による支援金が支給され，被災者にとっては生活を立て直す手掛かりになる。

　「危険」と判断された直之の住むマンションは，市の被害認定では「半壊」とされ，支援金の支給対象にはならなかった。だが，足を踏み入れることのできないほど壊れた住居もあり，のちに補修か，建て替えかで，住民が法廷で争うことになる。

　　　◎　　　◎

　直之らがマンションから避難所になっている小学校に戻ると，ボランティアによる炊き出しが始まっていた。

　テントや寝袋を持参したボランティアたちは避難所に寝泊まりしながら，炊き出しをしたり，足湯をしたりして被災者を支えた。母方の従兄弟で大学生の篤彦もそうしたボランティアの1人として地震直後に被災地へ入り，直之たちを探し出した。

　阪神・淡路大震災が起きた1995年は「ボランティア元年」といわれ，のべ300万人を超えるボランティアが被災地にやってきた。自然災害が起きると，被災地では必ずボランティアの姿が見られるようになった。

避難所には市の職員が交代で常駐し，被災した人やボランティアから要望を聴きながら町内会が運営にあたった。「職員や町内会の方たちも地震で被災しているはずだから，迷惑をかけたら駄目ですよ」。和美は子どもたちにこう言い聞かせた。

小学校の先生たちは授業を再開するための準備をすすめていた。避難していた住民のなかにも自宅に戻る人が増えてきたため，市の職員と相談して避難スペースの配置を再検討してもらい，授業のできる教室を確保していった。

避難所生活も落ち着いてくると，進一は責任者として立ち上げたばかりのプロジェクトが気がかりになって，避難所から歩いて勤め先に向かった。幹線道路の周辺にあったがれきは片づけられ，救援物資を運ぶ車がひっきりなしに行き交っていた。

勤め先のオフィスのある超高層ビルは地震直後から備え付けの発電機が稼働していたが，節電のためエレベーターは止まっていた。35階まで歩いて上がると息苦しくなったが，久しぶりに同僚たちと顔をあわせて，互いの家族の無事を確認してやっと人心地がついた。

　　　　○　　　　○

直之の父方の祖母，恵子から不安そうな声で進一の携帯に電話があった。「お父さんの容体がかなり悪くなっているの」。直之の祖父の文雄は地震前から寝たり起きたりの生活で，木造２階建ての自宅が全壊して避難所に身を寄せた。

避難先の中学校では，地震後しばらくしてから音楽教室を利用して「福祉避難所」が設けられた。看護師の経験がある人や他県から応援でやってきた福祉施設の職員らが交代で，祖父のような高齢者を見守った。

祖父の常備薬は家のがれきに埋もれて持ち出せず，災害救援による薬の調達も遅れた。体調が悪化した祖父は隣県の医療機関に搬送されて治療を受けていたが，症状が改善する兆しは見えなかった。

直之は家族と一緒に祖父の入院している病院に向かった。病室に着くと祖母は孫たちを抱きしめて，「おじいちゃんに声をかけてあげて」と促した。「おじいちゃん，直之だよ」。そうよびかけると，祖父はかすかにうなずいたように見えた。妹は祖父の手を握りしめて涙をこらえていた。可愛い孫たちがやってくるのを待っていたように，祖父はしばらくすると静かに息を引き取った。「おやじ，すまない」。進一は地震後に体調が悪化していく父を見守るだけで，何もできなかったと自分を責めた。

地震や津波による直接の死亡ではなく，被災のショックや避難生活の疲れなどで亡くなる「災害関連死」。自然災害で亡くなった人の遺族に支給される災害弔慰金の対象になり，自治体が遺族からの申請を受け付けて審査し，認定する。

直之の祖父は地震による被災が死亡原因と認められ，災害関連死と認定された。避難生活で父が命を落としたことに責任を感じていた進一は，関連死に認定されたことで心の負担が少しだけ軽くなった気がした。　　　　　　　　　　　　　　　　　　（野呂 雅之）

被災者

被災者になったあなたに

災害直後の支援メニュー

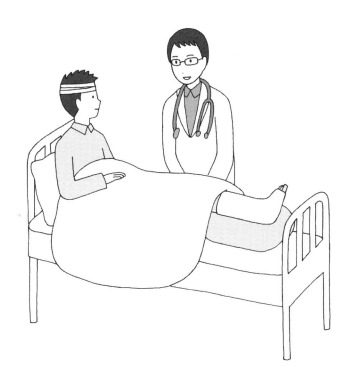

避難生活（災害救助法等）

山崎 栄一

■避難生活と災害救助法

　自然災害によって家屋が被災してしまった，あるいは，もといた場所で住むことができなくなってしまった場合，一時的に避難生活を営むことになります。多くの場合，学校や公共施設を利用した避難所であるとか，仮設住宅などで避難生活を営むことになるわけですが，どのような法律に基づいているのでしょうか。

　災害が起きた時，被災者が真っ先に利用することになる制度が災害救助法です。災害救助法は，南海大震災（1946年）をきっかけに，1947年に作られた法律です。以下に，災害救助法の支援メニューを示しますが，災害後における被災者の生活を保障する，ひいては避難生活を支援するための制度であることがうかがえます。

- ・避難所及び応急仮設住宅の供与
- ・炊き出しその他による食品の給与及び飲料水の供給
- ・被服，寝具その他生活必需品の給与又は貸与
- ・医療及び助産
- ・被災者の救出
- ・被災した住宅の応急修理
- ・生業に必要な資金，器具又は資料の給与又は貸与
- ・学用品の給与
- ・埋葬
- ・死体の捜索及び処理
- ・がれきの撤去

　災害救助法による救助は，都道府県が行うことになっていますが，実際のところ，多くは市町村が実施しています。災害救助法による救助は，原則として一定数以上の住家の滅失がある場合に行われ，救助に要した費用については国と都道府県が負担することになっています。そのため，市町村は費用の心配を

することなく救助に専念することができます。

■どのような避難生活を営むのか？──災害救助法の一般基準と特別基準

救助の程度，方法および期間についてはあらかじめ「一般基準」が設けられています。具体例を示しますと，2015年10月現在，避難所は1人1日あたり320円，応急仮設住宅1戸あたり29.7㎡・262万1000円以内，炊き出し等1人1日あたり1080円となっています。

しかし，それはあくまでも最低限の基準であって，一般基準によっては救助の適切な実施が困難な場合には，市町村長であれば都道府県知事，都道府県知事であれば内閣総理大臣に協議することで，一般基準を上回る「特別基準」を設定することもできます。

東日本大震災において，当時，災害救助法を所轄していた厚生労働大臣により，自治体に向けて多くの通知が出され，特別基準の積極的な設定が促されました。具体的には以下のような内容です。

・避難所の開設期間／食事については7日以内であるが，2ヶ月まで延長（さらに延長可）
・避難所におけるパーテーション　冷暖房　仮設洗濯場／風呂／シャワー／トイレ
・食事については，高齢者・病弱者に対する配慮
・福祉避難所の設置
・応急仮設住宅は寒冷地仕様
・民間旅館・ホテル等の宿泊　1人1日5000円（食事込み）
・民間賃貸，空き家の借り上げ　1戸月額6万円程度

これらの特別基準は，これまでに認められてきた特別基準の「念押し」「確認」という意味合いが強く，基本的には，これらの特別基準が設定されて当たり前というイメージをもって頂ければいいと思います。

■避難生活と災害関連死

災害が滅多に来ない地域においては，避難所を運営する自治体職員は災害救助法の知識をあまり知っていないことがあります。そうすると，このような特別基準の存在を知らないまま，災害救助を行うことになります。その結果，本来は受けることができたはずの支援を受けることができずに，高齢者や障がい

者といった弱者が亡くなってしまうという事態も起こりえます。東日本大震災においても，避難所の生活環境が整っていなかったために，死亡するという「災害関連死」が多く見られました。

　特別基準を活用して避難後における生活環境をよりよいものにすることで，災害関連死を防ぐことができるようになります。

　災害対策基本法89条の6～89条の7において，避難所ないしその他の場所に滞在している被災者の生活環境の整備に必要な措置を講ずることが求められています。ここでは，避難所に避難していない被災者の方に対する配慮が求められているのがポイントです。こういった人たちに対しても，災害救助法を活用した積極的な支援が求められることになります。

■よりよい避難生活に向けて

　では，今後被災者となり避難生活を営むかもしれない私たちは，よりよい避難生活を営むために，どのようなアクションをしていけばいいのでしょうか。

　たしかに，避難所を運営する自治体職員の方が，災害が起きる前に災害救助法の知識をきちんと会得しておくことはいうまでもありません。しかし，私たちの住んでいる自治体がそこまでの努力をしてくれている保証はありません。

　他方，私たちは，それぞれの地域のメンバーの一員として，避難所の運営に積極的に関与することが期待されています。実は，私たちこそ災害救助法の知識をきちんと会得し，よりよい避難生活が営めるように災害前から努力しておく必要があるのです。

　また，あらかじめ避難所には高齢者や障がい者，乳幼児などとくに配慮が必要な人たち（要配慮者）が避難してくることを想定した避難訓練を日頃から実施し，そういった人たちが，避難生活においてどのようなニーズを有しているのかを事前に把握しておくことが重要です。

　自分自身も，避難所生活において特別なニーズを有しているかもしれません。たとえば，日頃から服用している薬や眼鏡，入れ歯などは避難時にいつでも持参できるようにしておいた方がいいでしょう。災害救助法で対応できるニーズにも限界があり，自助努力が求められる部分もあるということです。

被災者生活再建支援

木村 拓郎

■被災者生活再建支援法

(1) 法律の制定と改正

　この法律は被災後の生活再建支援を目的にした法律です。1995年に阪神・淡路大震災が発生，多くの被災者が生活再建に苦慮しました。このような教訓をもとに被災者の生活再建を支援する法制度の創設を訴える市民運動が起き，1998年にこの法律が議員立法で制定されました。その後，2004年と2007年に法改正がありました。

　法律制定時は年齢，収入，被災程度などが支給要件になっており，また使途も限定されていました。しかし被災者から申請時に制約が多く使途も制限され，さらに手続きが煩雑過ぎるという指摘が多かったため現在は「罹災程度」だけを支給要件にしています。法制定時には私有財産の形成になるという理由で住宅再建の資金としての活用は認められていませんでしたが，2007年の法改正により住宅再建にも使えるようになりました。

　改正された法律の大きな特徴は，あらかじめ決めてある支援金を減額しないで被災者に渡す方式をとっていることです。そして新制度では被災者に住宅の「罹災程度」に応じて生活再建を支援する「基礎支援金」と住宅再建を支援する「加算支援金」を支給することになっています。

(2) 基礎支援金

　全壊世帯や住宅が半壊，または敷地に被害が生じてやむを得ず解体した世帯には100万円が支給されます。また噴火災害などによって危険な状態が継続し長期の避難を余儀なくされた世帯にも100万円が支払われます。被害認定で大規模半壊と認定された世帯には50万円が支給されます。この支援金については使途が限定されていません。

(3) 加算支援金

　加算支援金は住宅の再建方法に応じて支給金額が変わります。

　住宅を建設または購入する世帯には200万円が支給されます。

このような制度ができたにもかかわらず高齢者は一人暮らしだったり，経済的理由などから持ち家の再建をあきらめる世帯が少なくありません。また仮設住宅での避難生活が長期化するとそれまで蓄えていた預貯金を取り崩す世帯が多くなることから時間の経過とともに住宅再建を断念し公営住宅に入居を希望する世帯が増える傾向が見られます。

　自力での住宅再建が難しい世帯には災害公営住宅が提供されてきました。全壊世帯数に対する災害公営住宅の建設の割合は，阪神・淡路大震災では25～30％，新潟県中越地震では12％，東日本大震災では18％（宮城県）です。神戸の場合は被災した世帯の中に借家住まいが多かったため公営住宅への入居希望が多かったようです。今後は，上記のような理由などから災害公営住宅を希望する世帯が多くなることが予想されます。

　そして阪神・淡路大震災では，公営住宅入居後のコミュニティの再生が大きな課題となりました。このため2004年に発生した新潟県中越地震では被災集落の再生が重視され，復興基金を活用した復興支援員制度が創設されました。被災後には住宅再建も重要ですが被災前のコミュニティの維持継続を大事にすべきです。

　支援法では被災者自らが自宅を補修する場合，100万円を限度に支援金が支給されます。住宅の修理については災害救助法による支援もあり，限度額は54万7000円（2015年現在）です。この２つの制度はきわめて類似していることから被災地では，その活用を巡って混乱しているのが実情です。現行の制度に問題があるにしても現状では既存の２制度を有効に活用することが望まれます。

　加算支援金では公営住宅を除き賃貸住宅に入居する世帯には50万円が支給されます。

　以上の支援金は複数世帯の金額で，１人世帯の場合は４分の３の金額になります。

■被災者生活再建支援法以外の支援制度

　「被災者生活再建支援法」以外の生活再建支援制度としては，「災害弔慰金法」のなかの「災害援護資金制度」や災害関連の制度以外の通常の融資制度もあります。

　「災害援護資金制度」では，世帯主の負傷の程度や住宅などの被害程度など

で借り入れできる限度額が変わってきます。通常の制度としては「生活福祉資金制度」などがありますが，ほとんどが貸付制度で，しかも活用にあたっては収入制限があります。

　生活再建支援という位置づけではありませんが，災害で負傷した人に対しては「災害弔慰金法」に基づき「災害障害見舞金」などの制度もあります。

■被災者生活再建支援法の課題

　支援法が制定されてから17年が経過しました。この間，新潟県中越地震や東日本大震災などの大災害が発生し，そのたびにこの制度は被災者にたいへん喜ばれてきました。しかしこの制度にも問題がないわけではありません。

　「被害認定」との関係では，「罹災程度」によって受け取る支援金に大きな差が出ており，多くの被災地で被害認定を巡ってトラブルが多発しています。

　また，アパートなど借家が被災したときには，借家人は制度の対象になりますが建物を所有している大家は対象外になるなどの課題が出ています。

　現在の支援法は「生活再建」といいながら住宅再建に偏重しているといえます。これからは被災者のうち高齢者の割合が高くなる可能性があります。被災した高齢者はそれまで別に暮らしていた子供のところに同居したり，老人ホームなどの福祉施設に入所するなど，自宅を再建しないケースが多くなるものと思われます。つまり生活再建の形態は今後いっそう多様化することが考えられます。

　生業の面では，被災前に小売り店舗を営んでいた自営業者は資金がなく営業再開を断念するなどのケースも散見されます。

　現在の支援法はこのような多種多様な生活再建に対応できていないのが実情です。今後はこの制度をより多くの被災者の生活再建に役立つように改善する必要があります。

● 災害弔慰金・災害障害見舞金・災害援護資金貸付

■災害弔慰金とは

　災害で家族を亡くされたご遺族には，市町村から災害弔慰金が支給されます。災害により直接亡くなられた場合に限らず，間接的に亡くなられた場合でも，「災害により死亡した」のであれば支給されます。

　支給対象のご遺族の範囲や金額は図表1のとおりです。法律上必ずしも申請は必要とされていませんが，一般的には，遺族からの申請により支給されています。申請期限は定められていません。

図表1　災害弔慰金の概要

支給対象	亡くなられた方の配偶者，子，父母，孫，祖父母，同居の兄弟姉妹	
支給額	亡くなられた方が主として生計を維持していた場合	500万円
	上記以外の方を亡くされた場合	250万円
窓　口	亡くなられた方の住所地の市町村	

■災害障害見舞金とは

　災害により負傷したり，病気にかかったりしたことにより，次の①〜⑨のいずれかの障害が残ってしまった場合，災害障害見舞金が支給されます。

　支給額は，負傷した方が主として生計を維持していた場合は250万円，それ以外の場合は125万円です。窓口は，災害弔慰金と同じです。

　　①両眼が失明したもの

　　②咀嚼及び言語の機能を廃したもの

　　③神経系統の機能又は精神に著しい障害を残し，常に介護を要するもの

　　④胸腹部臓器の機能に著しい障害を残し，常に介護を要するもの

　　⑤両上肢をひじ関節以上で失つたもの

　　⑥両上肢の用を全廃したもの

　　⑦両下肢をひざ関節以上で失つたもの

　　⑧両下肢の用を全廃したもの

⑨精神又は身体の障害が重複する場合における当該重複する障害の程度が前各号と同程度以上と認められるもの

■災害援護資金貸付とは

　災害により一定以上の被害を受けた方に，市町村が生活再建資金を貸し付ける制度です。具体的には，災害救助法による救助が行われた災害等により，次の①か②の被害を受けた世帯が図表２の所得制限を満たすときは，生活再建のために，災害援護資金の貸付を受けることができます。生活の立て直しのためであれば使いみちに制限はありません。

　償還（返済）期間は10年と長く，３年（特別な場合は５年）まで償還を据え置くこともできます。利子は年３％（据置期間中は無利子）です。

　①世帯主が負傷し，療養期間がおおむね１ヶ月以上であるとき

　　　　住居が全壊の被害を受けた場合：貸付限度額350万円

　　　　住居が半壊の被害を受けた場合：貸付限度額270万円

　　　　家財が３分の１以上の損害を受けた場合：貸付限度額250万円

　　　　上記以外の場合：貸付限度額150万円

　②世帯主が①に該当しないとき

　　　　住居全体が滅失もしくは流失した場合：貸付限度額350万円

　　　　住居が全壊の被害を受けた場合：貸付限度額250万円

　　　　住居が半壊の被害を受けた場合：貸付限度額170万円

　　　　家財の３分の１以上の被害を受けた場合：貸付限度額150万円

図表2　所得制限

世帯人数	前年の総所得金額が以下の金額未満であるとき
1　人	220万円
2　人	430万円
3　人	620万円
4　人	730万円
5人以上	1人増すごとに730万円に30万円を加えた額

※住居が滅失する被害を受けた場合の所得制限は1270万円

■実務上の問題点

(1) 制度告知に関する注意点

　災害弔慰金は，必ずしもあって当然という感覚の制度ではないため，十分な制度告知が行われなければなりません。具体的な制度告知の方法としては，震災発生後一定期間内に死亡届を提出した方全員に対し，内容を十分に配慮した案内を送付するという方法が考えられます（日本弁護士連合会2012年5月11日付「災害関連死に関する意見書」8頁）。東日本大震災では福島県飯舘村が，亡くなられた方の全遺族に災害弔慰金と災害関連死の制度を告知しています。

(2) 保証人や利子に関する問題

　災害援護資金貸付は，保証人がいなければ貸付を受けることができないため（同法施行令8条1項），これが高いハードルになることがあります。

　この問題に対応するため，東日本大震災においては特別の措置がとられ，保証人がなくても利用できるようになりました（東日本大震災に対処するための特別の財政援助及び助成に関する法律の厚生労働省関係規定の施行等に関する政令14条8項）。また，保証人を付けた場合は3％の利子が無利子に，付けなかった場合でも3％が1.5％にされ，償還期間も13年に伸長されています。

　今後の災害においても同様の対応がとられるべきでしょう。

(3) 貸付に関する問題

　災害援護資金貸付は，一定以上の被害を受けた所得の高くない方を対象にしています。民間金融機関等による貸付制度があるなかで制度化されていることを踏まえると，民間からの貸付が期待できないケースこそ，制度利用の必要性は高いということができます。

　しかし，実際には貸付の要件は備えているのに貸付がなされないという問題が発生することがあります。たとえば，東日本大震災では，宮城県で2万2000件も災害援護資金が利用されているのに，岩手県では672件しか利用されていないことが問題とされました。東日本大震災では，わざわざ特別の措置がとられ，保証人がいなければ貸付が受けられない制度から，保証人がいなくても貸付ができる制度に国会が変えたわけですから，このような運用は立法者意思に反し違法といわざるを得ないでしょう。

　制度趣旨をよく理解し，被災市町村が適切に運用することが重要です。

復旧期にやるべきこと

行政の取り組み課題

◯ 仮設住宅

石川 永子

■仮設住宅の供給計画

　災害の発生後，応急仮設住宅はどのように計画され，建設され，被災者が入居し，運営していくのでしょうか。応急仮設住宅は，借上げ仮設住宅と共に，県の所管となりますが，実際は，県と被災基礎自治体が役割分担してすすめていきます。

　まず，被害状況と被災者への調査から仮設住宅の供給戸数を決めます。応急仮設住宅の対象者は，災害救助法では，「住家の全壊等により居住する住家がない者で，自らの資力では住宅を得ることがない者」とされていますが，現実の運用では，希望者全員が入居できています。応急仮設住宅の一般基準での規格は，一戸あたり29.7m^2（9坪，東日本大震災では71%）で，2部屋＋台所＋水回りという2Kタイプです。家族数により6坪（同14%）・12坪（同15%）タイプ等間取りも用意されますが，3世代同居など大人数の場合は対応できず，世帯分離して入居する場合も現在では多くなり課題となっています。

　需要戸数を算定するときに難しいのが，借上げ仮設住宅希望者の推定です。新潟県中越地震など，公営住宅の空き家等が一時利用されることなどがありましたが，東日本大震災では津波被害による建設可能土地が極端に少なく，避難所の環境も厳しく，大量の仮設住宅（上物）の供給に限界があったこともあり，県借上げ仮設住宅（みなし仮設住宅）として，民間住宅の空き家が活用されました。今後の都市災害では，借上げ仮設住宅と建設仮設住宅の戸数をどのように考えるかも含めて，被災者の意向調査や地元宅建協会や建設業協会による空き家の紹介などの仕組みづくりを事前に行っていくことが，被災後の仮住まいの円滑な供給を行ううえで重要といえます。

■建設用地の選定

　東日本大震災では，建設がしやすい平地の大半が浸水した基礎自治体が多く，安全面や被災者の心理面でも，浸水地に応急仮設住宅を建設することがためらわれました。当初は国の方針で，主に公有地でかつ浸水域外の土地で選定

し，足りない場合に，公有地で浸水深が浅い土地（高台の学校の校庭など）が候補とされ，周辺自治体が提供する空き地等でも建設がすすみました。その結果，被災市街地から遠く離れた田畑などを指定せざるを得ない自治体も多かったのです。また，仮設住宅用地のほかに，被災者支援の自衛隊駐屯地やがれき置き場等との優先順位の調整も必要でした。しかし，被災者からは，震災時の居住地の近くで利便性のよいところ，また，地域コミュニティでまとまって住みたいという需要が大きく，後に，提供された民有地に地域住民向けの仮設住宅を建設する例も多くみられました。そのため，当初建設した仮設住宅が入居希望者が埋まらないという事例もおき，仮設住宅の光熱費，避難所の食事の提供等の理由で，応急仮設住宅の引き渡し後も，避難所滞在者が多い等の課題もありました。

■建設物の供給と配置計画

仮設住宅は，住宅生産団体連合会の応急仮設住宅部門事務局になっているプレハブ建築協会に対して，国土交通省が協力要請し，被災県が発注する形となります。プレハブ建築協会には規格建築部会（プレハブメーカー）と住宅部会（ハウスメーカー）があり，それぞれが建設します。通常の災害後の仮設住宅は前者が担当しますが，東日本大震災では，供給戸数が膨大であったため住宅部会も建設を担いました。買取り型とリース型があります。他にも，福島県内等，地元業者に公募で地域材を活用した木造仮設住宅を発注する動きも目立ちました（福島県内で約6000戸，三春町や岩手県住田町等）。一般の仮設住宅の入居が難しい高齢者等には，食堂や水回り等を共有し個室を配置したグループホーム型福祉仮設住宅が建設（3県で32地区610戸）され，福祉法人が委託により運営しました。コミュニティづくりや高齢者の見守りなどの目的で，配置計画や集会所に工夫がされたり，各戸の入口をつなぐ共通部分に屋根をかけて半外部空間として集えるようする（釜石市平田地区仮設住宅）等の工夫がなされました。しかし，東日本大震災では，寒冷地仕様としての仮設住宅の性能に課題が残り，居住開始後に追加工事がなされ，さらにコスト高になったことも課題です。

■仮設住宅への入居

仮設住宅への入居者選定方法も地域の特性にあわせた配慮が必要です。高齢

者等を早く入居させたいという気持ちから，早期に建設された大規模の公有地仮設住宅団地（従前地から遠いことも多い）に，従前居住地域を無視して高齢者世帯優先で入居すると，仮設住宅の自治や見守りが難しくなります。高齢者等入居と地域のバランスをとるための入居者選定の方法の組みあわせを調整することがとても大切です。また，新潟県中越地震の仮設住宅では，入居者が行っていた日用品店やサービス店を住居の一部で営業することを認めたり，周辺の空き地を入居者向け農地として開放するなど，入居者の利便性，産業の継続，引きこもり防止やコミュニケーションの創出，生活機能の低下を防ぐなどの効果があり，参考になる事例です。

■仮設住宅の運営と要配慮者への対応

仮設住宅の入居の際には，役員を決め自治会をつくり，コミュニティづくりを行政がサポートすることが多いです。従前の自治会役員だけでなく，避難所等で活躍した住民が仮設住宅自治会として活動を継続する例も多くありました。

また，緊急雇用予算で，被災住民等から生活相談支援員を雇用し，高齢者世帯等への訪問活動と見守りを行いました。この時期は，NPO等の物資支援や訪問，行政の各部署の訪問などが重なり被災者が混乱したり負担になることもあるので，支援側で連絡会議を設け，被災者の状況の共有や支援の調整，被災者が抱えている課題の解決に向けての連絡調整が必要となります。

■仮設住宅の今後の課題

仮設住宅の建設には，用地の選定（復興公営住宅の建設適地，民有地を借りる場合の返還予定，自治体外の場合，被災者が戻ってくるか），建物の種類や工事業者等の選定（プレハブか木造か，公営住宅への転用，買取りかリースか，寒冷地対策など地域性の配慮，交流が生まれる配置計画），自治のサポートと見守り，医療福祉分野との連携の方法等，災害直後の混乱期に長期的視点で，実施主体の県と設置される基礎自治体との協議と作業が必要になります。今後，都市部では，借上げ仮設住宅等が王流になっていく流れのなかで，それらとの補完関係（立地，時期，借上げ仮設住宅の終了後の受け皿等）も含めて，迅速かつより戦略的に事前に計画することが行政に求められていくでしょう。

● みなし仮設住宅制度の実態と課題

鳥井 静夫

■みなし仮設住宅制度とは

　災害後の仮設住宅としてイメージされるのは「プレハブ仮設住宅」ではないでしょうか。東日本大震災後，被災者に供与された仮設住宅は最大約14万戸ですが，約半数近くの7万戸は「みなし仮設住宅」でした。

　みなし仮設住宅とは，都道府県がアパート等の民間賃貸住宅を借り上げ，被災者の仮設住宅として供与するものです。プレハブ仮設住宅と同様の入居要件があり，家賃の負担はありません。居住期間は原則2年ですが，東日本大震災では被災地の復興公営住宅整備の遅れなどから，その後1年ずつ更新され多くの自治体で5年間供与されています。

■みなし仮設住宅の特徴

　建設に時間がかかるプレハブ仮設住宅とは異なり，すでに空室のアパートなどを利用することから，被災者を避難所からいち早く仮設住宅に入居させることができます。建設費がかからずプレハブ仮設住宅よりもコスト面でも有利です。建設地が限定されないため，被災者の多様な生活再建ニーズ（通勤，通学，通院等の利便性）に合わせることもできます。物件の程度にもよりますが，仮設のプレハブ構造ではなく，通常の性能を有する住宅に住むことができます。

　一方，被災者がさまざまな場所にある民間賃貸住宅に住むようになるため，仮設住宅入居後の生活実態がわかりにくくなります。プレハブ仮設住宅ではその建設地に行けば被災者の生活がわかるのとは対照的です。

　被災前の世帯や地域で同じ住宅や近隣で暮らせるとも限りません。提供できる物件の間取りや場所の関係で，家族や地域コミュニティがバラバラになることも少なくありません。

■みなし仮設住宅制度がもたらした課題

　みなし仮設住宅は広域かつ甚大な津波被害と原発事故が重なった東日本大震災において初めて大規模活用されたものです。被災者生活再建という側面でこれまでのプレハブ仮設住宅とは異なるさまざまな課題が生じました。

東日本大震災の被災地で唯一の政令指定都市の仙台市では，最大約１万2000戸の仮設住宅を提供しましたが，空き物件が数多くあったことから約８割の１万戸がみなし仮設住宅でした。津波被害や原発事故によりプレハブ仮設住宅の建設ができない地域や民間賃貸住宅が少ない地域から仙台市のみなし仮設住宅に入居したケースも多く，その結果約４分の１にあたる2500戸が市外からの被災者に供与されました。

　仙台市は生活再建支援においてこれまでにないさまざまな課題に直面しました。今後の大規模災害においてもみなし仮設住宅の活用は必至であり，同様の課題に直面することが想定されます。とりわけ大都市部では影響が顕著になることから，仙台市の事例を中心に説明したいと思います。

　最初に顕在化した課題は「支援格差」です。行政や支援者は広域に点在する数千世帯の被災者に対して支援物資を届けることはできません。その反面，場所がわかるプレハブ仮設住宅には物資や人・情報が集まり，みなし仮設住宅に入居した被災者からは「同じ被災者なのに」という強い不満がありました。みなし仮設住宅が認知されていなかったということもありますが，人手や費用，時間の面で困難なうえに，被災者個人情報保護の面から支援といえども支援者に無制限な情報開示ができないことも原因にあります。

　被災者が広域に暮らすみなし仮設住宅では現状把握に時間がかかります。仙台市でもすべての仮設住宅の現状把握に約１年を要しました。独居高齢者の見守りや災害によって心身に不調をきたす被災者への迅速な対応が難しくなることにも留意が必要です。

　こうした課題は被災者が至る所に居住することが原因となっていますが，制度そのものが原因で生じた課題もあります。

　みなし仮設住宅もプレハブ仮設住宅と同様に災害救助法に基づき供与され，「現物支給」の原則により，都道府県が借り上げそれを被災者に提供するという「三者契約」という仕組みで供与されます。

　家主と都道府県は物件の賃貸契約を結びますが，家主側の事情により契約更新に応じられない場合，被災者は退去しなければなりません。行政，とくに被災県では三者契約を結ぶために膨大な事務作業が必要となりました。会計検査院は税金の使い方の観点からも「三者契約」が非効率であると指摘していま

す。

　被災者の生活再建までの時間や道のりはさまざまです。最初に入居した物件が生活環境の変化により合わなくなることもありますが，みなし仮設住宅として別の物件への転居は原則認められません。避難所から出ることを優先したために物件とのミスマッチも起こりえますが，こうした場合でも転居できません。

　この制度が広域的に大規模かつ長期間活用されることで結果的に生じたことですが，都市に空き物件が豊富にあるため，地方から都市への人の移動が生じました。みなし仮設住宅への入居をきっかけに都市で生活再建を目指して，被災地には戻らない人が増えました。都市が提供する利便性が被災地に戻り生活再建をするという意識を希薄にし，被災地の復興を妨げる遠因にもなっています。

■行政としての対応のあり方

　行政は被災者の生活再建支援をしなければなりませんが，どこにどのような被災者がどんな生活をしているのかがわからなければ適切な支援はできません。訪問やアンケートによる現状把握調査をいち早く行い，支援の優先順位をつけることも限られた人的資源を有効活用する観点からも必要です。定期的に情報更新することにより，優先すべき被災者も次第に絞り込まれていきます。

　「被災者が見えなくなる」という状況をいかに克服すべきかが重要です。行政だけでの対応には限界もあることから，さまざまな関係団体との連携も不可欠ですが，平時から実績や信頼関係を築いてこなければ災害後に役割を果たすことを期待するのは難しいでしょう。

　大都市は自らが被災地となった場合でもみなし仮設住宅の供与という側面では周辺地域への「支援地」にもなり，地域外からの被災者受入れについての備えも必要となります。東日本大震災後のみなし仮設住宅制度の運用から，被災地に戻るという生活再建を視野に入れることも新たな課題として意識した被災自治体との息の長い連携も必要です。

　みなし仮設住宅の供与は復旧期の一時的なものにとどまらず，被災者がそのままその地域で暮らし続ける可能性も踏まえ，住宅再建，被災地帰還など復興期の支援施策とのシームレスな対応がこれからの行政に求められます。

災害時の個人情報の共有をめぐる実態と課題

岡本　正

■災害時に活用すべき「個人情報」

「個人情報は個人を救うためにある」（岡本正2014『災害復興法学』慶應義塾大学出版会）。自治体の保有する住民等の個人情報の「保護」を偏重し，「共有」に躊躇すると，被災者の生命・身体・財産に深刻な影響を与えかねません。災害直後の安否確認への協力や，福祉団体と連携した生活再建支援のためには，自治体が保有する個人情報を共有することが不可欠です。とくに対策が急務なのは，高齢者・障がい者・妊婦・子ども等「災害時要配慮者」の情報です。自力で避難できず，また支援にたどり着けない災害時要配慮者を，自治体だけで支援することは不可能です。ところが，いざ災害時になって急に個人情報を支援団体等に提供しようとしても，平常時からの関係性・信頼関係がなければ，実際は個人情報の提供ができず，仮に情報が開示されても，支援団体側としても効果的な支援ができません。このような事態を打開する最初の一歩が，個人情報の利活用に対する正確な理解です。

■個人情報の取扱いに対する誤解と課題

　自治体が保有する個人情報を迅速に共有しなければならない場面なのに，保護を強調しすぎて躊躇してしまうことを「過剰反応」とよんでいます。過剰反応が起きる原因は，法令の適用関係についての誤解にあります。災害時において問題となる住民の情報は，基礎自治体（市町村・特別区）が保有しています。その個人情報を規律している法令は，全国約1750の自治体ごとに定められた「個人情報保護条例」です。「個人情報保護法」ではないのです。したがって，平常時や災害時における個人情報の取扱いを確認するためには，自治体の「個人情報保護条例」と災害対策・見守り支援に関する条例を確認しておかなければなりません。

　また，「自治体が保有する個人情報は，同意がない限り外部提供等ができない」という誤解があります。個人情報保護条例は，原則として個人情報の目的外利用や外部提供を禁止していますが，一方で，①本人や保護者等の同意があ

る場合，②法律や条例等に基づく場合，③生命・身体・財産等を保護するため緊急かつやむを得ない場合，④自治体ごとに設置された個人情報保護審議会の答申を得た時，などには，個人情報を共有できるとしています。

　地震や水害等を多く経験している新潟県長岡市や三条市等では，個人情報保護審議会の答申を得ることで，本人の同意がなくても，「平常時から」自治体保有の災害時要配慮者の個人情報を支援団体（消防等自治体の他の部局，警察，民生委員，自主防災組織等）と共有しています。また，東京都渋谷区，足立区，中野区，横浜市，神戸市，千葉市等でも，「平常時から」高齢者や障がい者の個人情報を支援団体や見守り団体と共有できる条例を，個人情報保護条例とは別に定めています。

■東日本大震災の教訓に基づく災害対策基本法の改正

　東日本大震災でも自治体が保有する個人情報について「過剰反応」が起きました。安否情報を自治体に問い合わせた家族に対して個人情報を理由に回答しなかったり，自治体側が病院に市民の安全を問い合わせたところ病院から回答をもらえなかったりしたのです。また，障がい者や高齢者は災害後に過酷な生活を強いられていましたが，そのような方々の個人情報を外部の民間支援団体へ提供した自治体は，たったの2自治体しかありませんでした（読売新聞朝刊2011年6月4日）。東日本大震災という未曽有の災害であっても，個人情報を外部に提供する決断をした自治体がほとんどなかったことは，大変深刻なことではないでしょうか。

図表1　2013年改正災害対策基本法まとめ

改正事項	条　文	概　要
避難行動要支援者名簿の作成と共有	49条の10〜49条の13	市町村長が避難について特に支援が必要な者（避難行動要支援者）の名簿をあらかじめ作成し，消防機関，民生委員，社会福祉協議会等の支援機関との間で情報共有することを求める改正。災害時には自治体の個人情報を共有できることを明記する条項の創設。
安否情報の提供	86条の15	被災自治体において個人の安否情報の回答が可能になるよう，法律上の根拠を創設。
被災者台帳の作成等	90条の3，90条の4	個々の被災者の被害状況や支援状況，配慮事項等を一元的に集約した台帳（被災者台帳）の作成と市町村内外での台帳情報の共有制度を創設。

　これを受けて，2013年，災害対策基本法が改正され，自治体の個人情報の取

扱いについて，図表1のような定めが新設されました。個人情報保護条例には例外なく，「法令等」がある場合には，本人の同意がなくても個人情報を外部に提供できるという規定があります。個人情報の利活用について，災害対策基本法がナショナルミニマムを定めたのです。

■自治体が準備しておかなければならないこと

　ここでは，とくに大切な2点を述べておきます。1つ目は「避難行動要支援者名簿」作成の貫徹です。これは本人の同意の有無にかかわらず災害対策基本法上の義務となっています。自治体は保有する個人情報を棚卸しし，漏れのない名簿を作らなければなりません。問題は実質的かつ網羅的な名簿となっているかどうかです。地域防災計画で定めた基準を満たす名簿をつくるには，戸別訪問で確認し，支援希望者を追加する作業が必要になります。

　2つ目は，「避難行動要支援者名簿」を関連部局や民間支援団体と平常時から共有することです。これは「本人の同意」だけに頼っては実現が不可能です。同意なくして実現するには，先述した個人情報保護条例以外の条例の策定や，個人情報保護審議会の答申を得るなどが必要です。今こそ，自治体の各部局が連携し，さらには地方議会でも真剣な検討をしなければならないときです（具体的な政策法務の手引きとして，前掲『災害復興法学』146～197頁）。

■支援団体や私たちが準備しておきたいこと

　自治体が名簿を作成したとしても，地域において，それを受け取り，支援を実施する民間支援団体側が育っていなければ，名簿の平常時からの共有による災害対策は絵に描いた餅に終わります。民間支援団体において，個人情報の管理手法を確立し，構成員の研修などを実施しておくことが必要になります。そのような団体であれば，自治体からパートナーとして認められ，平常時からの個人情報の提供を受けることもできるようになるでしょう。また，私たち一人ひとりも，災害対策のために個人情報の平常時からの共有が必要になることを理解しておくことが必要です。自治体，支援団体，地域の中核となる企業など，あらゆる利害関係者（ステークホルダー）において個人情報に関する研修を実施することが効果的です。

● 災害関連死の判定とその問題点

小口 幸人

■災害関連死

　災害関連死とは，避難による環境変化の影響で体調を崩し，それにより死亡した場合など，災害の間接的な影響による死亡を指す用語です。

■災害関連死の審査の重要性

　災害関連死にあたるか否かは，通常，被災市町村が設置した審査委員会によって審査されます。この判断により，災害弔慰金の支給不支給だけでなく，場合によっては義援金や奨学金など，民間も含めたさまざまな支援制度の対象になるかならないかも決まるので，その判断はきわめて重要です。

　また，行政が災害により死亡したことを公式に認定する手続であるため，遺族の精神面に与える影響も大きいです。

　このように災害関連死の審査結果は経済面と精神面の両面において，遺族に大きな影響を与えるものですから，審査は正確に行われなければなりません。

■災害関連死をめぐる問題点

(1) 審査会の設置（委託の可否について）

　災害弔慰金の支給は市町村の自治事務となっています。しかし，東日本大震災では職員不足等を理由に，県に審査業務が委託された例があります。このような委託は市町村に委ねた法律の趣旨に反しています。

　また正しく審査するためには，充実した調査が必要不可欠ですが，そのためには，かかりつけの病院はどこか，地域の被害復旧状況はどうか，といった前提情報が必要となります。こうした情報を把握しているのは市町村だけでしょう。

　残念ながら，東日本大震災では多くの市町村が県に委託した結果，県の審査委員会の認定率が著しく低くなるという不平等が生じました。仮に人員不足等があったとしても，審査は委託されるべきではなく，やむを得ず委託するとしても，一時的な対応とすべきでしょう。

(2) 審査員の構成と審査の方法

　災害関連死の判断への不服を，遺族は裁判で争うことができます。裁判所で

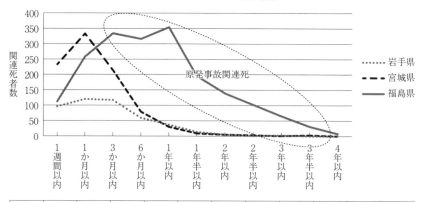

図表 1　関連死の死亡時期別推移

関連死者数

	1週間以内	1か月以内	3か月以内	6か月以内	1年以内	1年半以内	2年以内	2年半以内	3年以内	3年半以内	4年以内
岩手県	96	120	117	59	37	14	5	1	3	0	0
宮城県	233	333	214	79	30	9	5	3	1	3	0
福島県	112	258	334	316	354	195	139	102	65	31	8

出典：復興庁「東日本大震災における震災関連死の死者数（平成26年9月30日現在調査結果）」
2015年6月30日発表

は裁判官3人により判断されます。裁判で行政の判断が覆ることもあります。

　裁判所で結論が覆るという悲劇が起きないようにするためには，単に専門家を集めて議論するのではなく，裁判所の判断方法を踏まえた工夫が必要となります。具体的には，弁護士3人と医師3人（外科，内科，精神科）の合計6人の委員を選任し，裁判と同様，医師の専門的な意見を弁護士が聞いたうえで，弁護士3人で結論を決めるという，互いの専門領域と判断の対象が法律上の相当因果関係であることを理解した方法で審査することが重要です。

(3) 認定基準

　審査基準も裁判所と同じにする必要があります。裁判所は関連死であるか否かを「災害と死亡との間に法律上の相当因果関係が認められる」か否かで判断します。過去の災害では，複数の自治体が「長岡基準」とよばれる災害と死亡との時間的接着性だけから関連死であるか否かを推定したり，可能性の高低を示す基準を用いていましたが，「長岡基準」自体を裁判所が支持したことは一度もありません。裁判所が「長岡基準」を用いたこともありません。法律上の相当因果関係の判断は，時間的接着性だけから判断できるものではないからです。

災害関連死に関する著名な判決である大阪高等裁判所平成10年4月28日判決
は「少なくともその時期には未だ死亡という結果が生じていなかったと認めら
れる以上は，右相当因果関係の存在を肯定するのが相当」と判断し，最高裁判
所もこの判断を維持しています。ほかにめぼしい判例がない以上，審査委員会
もこの基準に沿って判断すべきでしょう。

　よって，審査の際は，「災害がなければその時期に死亡していたか」を基準と
して判断することが重要です。なお，法律上の相当因果関係，とくにその「相
当性」を判断する際には，災害弔慰金という損害賠償とは異なり，市町村長が住
民の死に弔意を示す制度であるという本制度の趣旨が考慮されるべきでしょう。

(4) 原発事故が関係する場合の問題点

　東日本大震災により福島第一原子力発電所事故（以下「原発事故」といいます）
が発生し，多くの悲劇が生まれました。原発事故と死との間に法律上の相当因
果関係が認められる以上，亡くなられた方は災害関連死となります。

　原発事故は，地震や津波以上に多くの事柄に影響を与え，その因果の流れはあ
まりにも広範かつ複雑になっています。その結果，災害関連死についても図表1
の差が生じています。この差を原発事故関連死とよぶこともできるでしょう。

　以上のとおり，原発事故の影響により災害関連死の件数は飛躍的に増えてい
ます。しかし，だからといって審査の際に，財政的な負担が大きくなるとか，
いつまでも収束しないとか，当該具体的案件における相当因果関係の有無の判
断と無関係な事実を決して考慮に入れないよう注意することが重要です。

■関連死の防止策

　災害関連死のなかには，防ぎようのなかった死もありますが，防げたはずの
死も含まれています。関連死を防ぎ減らすためにこそ，さまざまな被災者支援
施策はある，といっても過言ではありません。災害発生前における防災計画や
避難計画，避難所の物資の充実なども同様です。関連死者数をゼロにすること
はきわめて困難ですが，少しでも減らすよう取り組み続けることが重要です。

　減少させるためのカギは，関連死のなかにあります。防げたはずの死の軌跡
にこそ，防災計画の見直しやより充実した被災者支援のカギがあります。何が
死への流れを加速させたか，どの時点でどういった支援が必要であったかを分
析し，次の防災，次の被災者支援に活かし続けることが重要です。

7
支援者

被災者にどう寄り添う

被災者支援ボランティア

長期ボランティア・中間支援基地

渥美 公秀

■ボランティアにとって大切なこと

　災害ボランティア元年とよばれた阪神・淡路大震災から20年を迎える現在，災害ボランティアに改めて求められているのは，じっくりと被災者に向き合うという姿勢だと思います。災害時の避難所でのボランティア活動だからといって，何も素早く効率的に活動することばかりを目指すのではなく，大規模に活動を展開することを目指すのでもなく，被災された方々お一人おひとりに寄り添い，向き合い，丁寧に，じっくりと接していくことが求められます。

　実は，災害ボランティアのこの姿勢は，災害直後の短期的な活動であっても，避難所での活動であっても，また，復興へと向かう長期にわたる活動であっても，何ら変わりはありません。短期ボランティアであっても，長期ボランティアであっても，被災者の傍に寄り添い，被災者本位に臨機応変な動きをすることが大切です。そして，本来，被災者のためだったはずの活動が，災害ボランティアのための活動になってしまうような本末転倒の活動は，回避すべきです。災害ボランティア活動は，被災地の人びとと一緒に行うものだと考えるとよいでしょう。

■長期ボランティアの意義

　ボランティアが，被災直後だけでなく，長期にわたって被災地にかかわり続ける場合，被災地の人びとと一緒に活動するという点が，さらに強調されます。被災直後であれば，被災地の人びとは呆然とされているかもしれませんし，水や食料を運べば，どなたも一様に受け取ってくださるでしょう。だから，ときとして，災害ボランティアのペースで作業がすすむこともあるでしょう。しかし，避難所生活もある程度落ち着いてきますと，避難所を出てからの生活が視野に入ってきます。それは，仮設住宅での生活かもしれません。元のコミュニティに戻ってからの生活かもしれません。そのうち，被災した地域の復興もじわじわと見えてきます。どのように生活していくかということは，被災前と同様に，被災地の人びとがそれぞれ決めていくことです。長期ボラン

第Ⅱ部　避難期の課題

ティアの意義は，こうした場面に立ち会い，決してボランティアの一方的な支
援活動ではなく，被災地の人びとと一緒に復興へと歩んでいくことにありま
す。

　長期ボランティアは，地域のさまざまな人びとと知り合いになってきている
でしょうから，個別の対応もある程度可能になっています。そこに長期ボラン
ティアの意義があります。地域には地域のルールや慣習もありますし，被災直
後には見られなかった揉め事にも遭遇するかもしれません。それらは，外部か
ら来ている長期ボランティア（だけ）では，対応できない場合が多く，ますま
す，被災地の人びとと一緒に活動する必要を感じるでしょう。

■中間支援基地の役割

　ボランティアのなかには，定期・不定期を問わず，時どき被災地を訪問する
人びともありますし，避難所が落ち着いた頃から活動を始めたいという人びと
もあります。長期ボランティアは，こうしたボランティアに対し，被災地のボ
ランティア活動の現状を的確に伝える必要があります。中間支援基地は，被災
地の情報を集約し，発信していく役割をもちます。

　中間支援基地は，長期ボランティアと地域の人びとが一緒になって運営する
とよいでしょう。長期ボランティアは，ある程度，被災地で人びととのつなが
りを創り，深めているでしょうが，地域の情報は限定されます。被災地の人び
とにとっては当たり前すぎて語られない情報もあります。こうした情報は，地
域の人びとと一緒に運営していれば，教えてもらえることも多いものです。

　また，中間支援基地は，地元の人びとに開かれているべきです。長期ボラン
ティアとして活動していれば，徐々に被災地で認知されていくでしょう。被災
地の人びとからすれば，「いつもボランティアとして活動してくれている人た
ち」との交流も意味をもつことがあります。中間支援基地は，交流の場として
の役割も担います。

　長期ボランティアは，中間支援基地を活用し，さまざまな被災者の状況に応
じた活動を展開すると同時に，被災地の慣習や文化，歴史，産業など多様な情
報を念頭において，被災地の人びとと連携し，被災者や被災地の復興へとつな
いでいくことになります。

■「チーム北リアス」の事例

　東日本大震災で甚大な被害を受けた岩手県野田村には，現地で活動する災害ボランティアのネットワーク組織「チーム北リアス」があります。関西の災害NPO・大学，青森県弘前市・八戸市の大学・高専などが中心となって，震災直後の５月に結成されました。地元の方にご協力いただいて現地事務所を開設し，地域の方が現地事務所長として，運営と情報・発信を担ってくださっています。

　チーム北リアスでは，当初から10年程度の長期ボランティア活動を射程に入れた運営を行い，現在では，年に数回程度訪問する関西チームのボランティア，毎月定期便で訪問する弘前チーム，そして，八戸チームには津波で流された写真を持ち主に返す写真班が毎月，また高専からは随時臨機応変に活動がなされています。そこで強調されていることは，野田村の方々と一緒に対話をすすめながら活動することです。

　地域としては復興へと向かうなかで，まだ自分の生活の目処が立たない方々，地域の祭りこそが大切だと活動する人びと，すでに高台に自力再建の自宅を設けた人びと，そして，そもそも被害が軽微だった人びと。当然ながら，被災地には多様な人びとがくらしておられます。中間支援基地としてのチーム北リアスを拠点として，長期ボランティアは，多様な人びとお一人おひとりに寄り添い，向き合い，丁寧に接しています。

　チーム北リアスでは，長期ボランティアと現地の人びととが一緒になって運営する中間支援基地であるばかりでなく，地域の人びとが立ち寄る場にもなっています。そこでは，被災地の慣習・文化，歴史，産業など多様な情報が交換され，被災地の復興過程を射程に入れた多様な活動が模索されています。

■おわりに

　長期ボランティアは，被災者の傍に寄り添い，被災者と一緒に，被災者本位に臨機応変な動きをすることが大切です。その拠点となる中間支援基地は，被災地の現状に関する情報拠点となって，さまざまな被災者の状況に応じた活動を展開すると同時に，被災地の慣習や文化，歴史，産業など多様な情報を念頭において，被災地の人びとと連携し，被災者や被災地の復興へとつないでいく役割をもっています。

● 避難者支援（広域避難）

田並 尚恵

■広域避難とは

　広域とは，行政用語で市町村や都道府県といった自治体の区域を超えることを意味します。広域避難は「広域」に避難すること，つまり被災者が市町村や都道府県を超えて避難することをいいます。ここでは他の都道府県への避難を前提に避難者支援についてみていきます。

■どのような場合に広域避難するのか

　私たちは一般的に，被災して自宅に住めなくなったら，直後は近隣の避難所に身を寄せ，次に地域に建てられる仮設住宅等に移って避難生活をおくり，自宅を再建（あるいは新しい住まいを確保）しようと考えます。どのような場合に私たちは被災地を離れて避難するのでしょうか。

　大規模災害が都市部で発生した場合に，被害の範囲は広域にわたり，被災者は膨大な数にのぼります。都市部では用地の確保が難しいため，仮設住宅は十分に供給されない可能性があります。実際に，阪神・淡路大震災では仮設住宅の数が十分ではありませんでした。また，多くの仮設住宅が通勤には不便な郊外に建設され，入居は高齢者や障がい者の世帯などが優先されたこともあり，仮設住宅には入れずに他府県の公営住宅や民間賃貸住宅に一時入居した多くの被災者がいました。今後起こる確率が高いとされている首都直下地震の被害想定でも仮設住宅の不足が見込まれており，各自治体は民間の賃貸住宅等の空室を借り上げる「みなし仮設住宅」や，周辺県や全国への被災者の避難とその受け入れについて対応する必要があると指摘されています（中央防災会議2013「首都直下地震の被害想定と対策について（最終報告）」37～38頁）。都市在住者は，災害が起きて自宅に住めなくなったら，広域避難する可能性があるということを考えておかなくてはなりません。

　では，どこに避難するのでしょうか。仕事や子どもの学校がある場合はできるだけ近隣の地域に避難しようと考えます。阪神・淡路大震災でも，兵庫県内の比較的被害の少なかった地域に加え，大阪など通勤・通学が可能な近隣の各

府県に避難した被災者が多くいました。その一方で，遠方に避難する人もおり，避難者は全国に散らばりました。遠方への避難は，実家（あるいは子どもの家）や親戚を頼っての避難が多く，とくに高齢者は，避難がきっかけで子どもの家族と同居するようになる人もいます。また，学生時代を過ごした地域，以前働いていたことがある地域など馴染みのある地域に避難する人もいます。

■広域避難者の支援はどこが行っているのか

　避難者の支援には，自治体による支援と民間団体による支援とがあります。国からの支援もありますが，そのほとんどは自治体を通して行われるため，自治体の支援に含めます。自治体は，被災地域の自治体（市町村，都道府県）と避難先の自治体（市町村，都道府県）の双方が避難者の生活を支援します。さらに，行政と民間団体が連携して支援を行っている場合もあります。

■被災地域の自治体による避難者支援

　ほかの地域に避難しても住民票を残している限りは被災地の住民です。被災自治体が行うさまざまな支援を受けることができます。阪神・淡路大震災では当初，県外避難者は各種支援の対象外でしたが，支援が必要であるとの声が高まり，震災から約2年後に兵庫県は県外避難者への支援を始め，一部を除き県内の被災者と同様の支援が受けられるようになりました。県外避難者を対象とした支援には，県外避難者向けの広報紙の送付，各種支援の情報提供，フリーダイヤルでの電話相談，民間賃貸住宅の家賃補助，生活再建のための貸付，震災による離職者への雇用促進，被災者同士の交流活動の支援，復興公営住宅（抽選）の優先枠の設定などがあります。東日本大震災では，民間賃貸住宅の借上げ（みなし仮設住宅）と被災地域の自治体が避難者を把握するための仕組み（全国避難者情報システム）が新たな支援として加わりました。ただし，全国避難者情報システムは，避難者自身が避難先の自治体に届出をしなければならないため，避難者がこの仕組みを知らない，あるいは届け出ない場合には把握できないなどの問題点が指摘されています。

■避難先の自治体による避難者支援

　避難先の自治体でも避難者支援を受けることができます。これまでも，他都道府県公営住宅の一時入居，小中学校での転入生の受入れなどの支援はありましたが，東日本大震災ではこれらに加え，こころのケア，子育て支援，就労支

援，図書館等公共施設の利用などの支援が多くの自治体で行われています。また，自治体が独自の支援をしているところもあります。具体的には，見舞い金の支給，就学援助，交通費の補助（バス・タクシーの割引，一時帰宅支援），避難者同士の交流支援，健康相談，個別訪問などがあげられます（田並尚恵 2015「『広域避難者』への支援——広域避難者対応についての調査結果を中心に」災害復興研究 7 号87〜96頁）。このように，避難先の自治体による避難者支援にはさまざまなものがありますが，自治体によって支援が異なるのは避難者の側からすると不公平になるため，今後の対策が必要です。

■民間団体による避難者支援

　避難者を支援している民間団体には，日本赤十字社のような全国的に活動している団体と，避難先の地域で支援活動をしている団体があります。

　日本赤十字社は，これまで義援金を集めて被災者に配分するだけではなく，毛布や日用品などの救援物資を配布してきました。東日本大震災では応急仮設住宅，公営住宅等の入居者に，生活家電セット（洗濯機，冷蔵庫，テレビ，炊飯器，電子レンジ，電気ポット）を寄贈しました。被災者のなかにはほとんど身一つの状態で避難する人もおり，その場合に生活に必要な家財を買い揃えなくてはなりません。生活家電セットの寄贈は，そうした被災者の生活の基盤を整えるのに役立ったといえます。

　避難先の地域で支援活動をしている団体は，専ら災害被災者の支援活動を行ってきた団体だけではなく，地域で子育て支援やホームレス支援など主に福祉的な活動を行ってきた団体も避難者支援をしています。もともと自治体と連携して活動している団体も多く，避難者の情報を行政から提供してもらう，あるいは行政の委託を受けて避難者支援を行っています。具体的な支援活動は，避難者への情報提供，避難者同士の交流支援，支援物資の配布，電話相談，個別訪問，就労支援，定住・移住支援，などです。また，インターネット等を通して支援情報を発信し，避難者のネットワークづくりも行っています。

○ 原発避難者支援

津久井 進

■原発避難者支援の座標軸

　自然災害の避難者支援で培われた経験は原発避難者支援にもあてはまります。①一人ひとりの人間性を尊重し，②被災をわが事と受け止めて寄り添い，③自立を支援していく。これらは被災者支援の普遍の原則です。

　しかし，原発避難者への支援には，原発事故だからこそ念頭に置くべきポイントが加わります。原発災害は，(a)その被害が超長期にわたって継続する上，(b)放射線の影響は晩発性で視認できず科学的にも十分解明されていないところに怖さがあり，(c)事故原因が人為的であり，事故後の区域の線引きや諸対策も人為的になされる点に本質があります。したがって，(A)支援には息の長い取組みが求められ，(B)立場や考え方の多様性を尊重する姿勢が必要で，(C)原因者に対する責任追及も常に伴うことになるわけです。

　とくに立場や考え方の違いについては配慮が必要です。そもそも「避難者」とは誰なのでしょう。原発避難者の定義も確立されておらず，原発避難の全体像さえきちんと把握されていません（日野行介 2015「不十分な実態把握」関西学院大学災害復興制度研究所ほか編『原発避難白書』31頁）。ですから，「原発避難者」を大雑把に一括りで捉えてはなりません。たとえば，放射線量や区域指定の違いや，避難意向によって，避難者像も変わってきます。

　新潟県では，「元の場所に戻れる状況か否か」と「戻る意向があるかどうか」という座標軸で，原発避難者の捉え方を整理して支援活動を展開しました（稲垣文彦 2012「新

図表1　原発避難者の意向と状況の相関関係

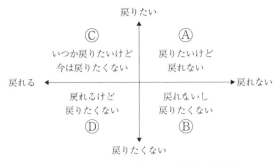

出典：稲垣文彦（2012）の論文中の図を参考に筆者作成

潟県における広域避難の現状と今後の課題」日本災害復興学会『2012福島大会講演論文集』21頁）。たとえば，「戻りたいけど戻れない」という層（Ⓐ）には避難元自治体とのつながりを結ぶ支援を行い，「戻れないし戻りたくない」という層（Ⓑ）には雇用や営業再開の支援を行い，「いつか戻りたいけど今は戻りたくない」という層（Ⓒ）には交流支援や働くための託児支援を行い，「戻れるけど戻りたくない」という層（Ⓓ）には移住定着支援を行うなどして，避難者のニーズと支援のマッチングを行いました。支援のあり方を策定するうえでも，原発避難者の全体像を的確につかむことはきわめて重要です。

■福島県避難者意向調査から読み取るニーズ

　では，4年余が経過した今，避難者のニーズはどうなっているでしょうか。

　福島県は2015年4月27日に避難者意向調査の結果を公表しました。福島県から県内外に避難した5万9746世帯に対する「帰還や生活再建のために必要な支援内容」との問いに対し，第1位が「東京電力の損害賠償に関する情報の提供」（35.4％），第2位が「健康や福祉に関する支援」（35.0％），第3位が「生活資金に関する支援」（33.0％），第4位が「住宅再建の支援」（31.0％），第5位が「除染状況に関する情報の提供」（28.7％）でした。さらに「放射線に関する正しい知識の提供」（27.7％），「農作物の安全に関する情報の提供」（25.3％），「定住先での生活支援」（25.0％），「避難先での生活支援」（24.9％），「転居に関する支援」（24.7％）と続きました。

　要するに，1つ目はお金にかかわること，2つ目は健康に与える放射能の影響，3つ目は住まいに関すること，が共通のニーズということです。また，家庭，就学，職業に関するニーズも目立ちました。逆に「支援は必要ない」という回答はわずか2.7％のみ。4年経ってなお支援の必要が続いていることがわかります。被害が超長期に及ぶのですからニーズが絶えないのは当たり前です。

■支援者とは誰か

　支援をする側から考えてみることも必要です。3者に分けてみます。

　第1に自治体や国など「行政」が行う支援が基本となります。住宅の確保，生活面の経済支援，情報の提供などは，自然災害と同じく必須の支援です。原発被害ではそれに加え，住居供与期間を長期に行い，賠償と両輪となる金銭給付を実施し，放射線に関する情報提供，医療・健康の支援が欠かせません。と

ころが国の支援はきわめて不十分で，支援策を定めた「子ども被災者支援法」の具体化を怠り，骨抜きにし，事態はたいへん深刻化しています。

　第2に「民間」セクターの支援が不可欠です（前掲『原発避難白書』124〜168頁には全都道府県別の支援状況がまとめられています）。支援力のポイントは，第1に行政との連携があるかどうか。第2に支援団体間の連携ができているかどうか。第3に専門性があるかどうか。第4に継続できているかどうか，です。

　第3に，避難者が「自ら」支援活動に取り組んでいる動きがあります。自立の点でも要注目です。ただし限界にも瀕しています。まずセルフサポート活動を支える資金的な手立てと，次に活動を創設・継続するのに欠かせない中間支援と，さらに地域が応援するバックアップの機運を高めることが求められます。

■支援の課題

　原発避難者支援の到達点と課題を，支援タイプごとにみてみましょう。

　まず「健康面に関する支援」として福島県で県民健康調査が行われていますが，その実態は行政都合で行う施策にすぎません。あくまで避難者のために行う，無償の検診・医療措置の確立が急務です。また，避難者の約6割にPTSDの可能性があるとの報告もあり（辻内琢也早稲田大准教授と震災支援ネットワーク埼玉の調査結果），心理面・精神面での専門的支援も求められています。

　次に「避難者の交流や保養」を行う民間支援活動は，全国各地で展開され創意性も含め評価すべき点が多いのですが，資金面での限界を迎えつつあり，助成制度が必要です。支援者の心が折れて活動を休止するケースもあります。長期の支援には，支援者らがつながってお互いに支え合うことも大事です。

　また，「情報」の発信・共有・提供に関する支援もとても大切です。個人情報を管理している行政と民間が連携できている例もあります。民間団体による情報誌やメルマガ等の活動も貴重です。もっと多くの「人の手」を介して情報の流通を図りたいところです。

　そして，原発事故には原因者がある以上，「東電と国の責任」を明らかにしなければなりません。全国各地で提起されている原発賠償訴訟のほか，原発差止訴訟もあります。弁護士や協力専門家だけでなく，当事者となっている避難者を支え，裁判を盛り立てる社会内の応援者の存在（たとえば傍聴による支援や報道関係者）も欠かせません。それが支援全体の底支えにもなります。

8

研究

総合的な支援のあり方

今後の研究課題

● 地域復興

稲垣 文彦

■復興とは何か──右肩下がりの時代の復興

　わが国の総人口は，2004年をピークに増加から減少に転じました（国土審議会政策部会 長期展望委員会 2011「国土の長期展望」中間とりまとめ）。また経済成長も緩やかです。とくに地方は人口も経済も下降傾向です。わが国は「右肩上がりの時代」から「右肩下がりの時代」に変化したといえます。災害において，この変化の影響を初めて確認できたのが新潟県中越地震（2004年）です。

　当然ながら，右肩上がりの時代の復興と右肩下がりの時代の復興は違います。違いの確認のために思考実験をします。縦軸にGDP，もしくは人口を，横軸に時間をとります。1945年を起点にすると概ね図表1のような曲線が描けます。

　まずは新潟地震（1964年）を考えます。災害でモノが壊れ，それを元に戻します。右肩上がりの時代は「復旧＝復興」で，壊れたものを元に戻せば，災害前より良くなったと感じることができました。つぎに中越地震です。災害でモノが壊れ，それを元に戻します。右肩下がりの時代は「復旧≠復興」で，壊れたものを元に戻すだけでは，災害前よりよくなったと感じることができません。

　それでは右肩下がりの時代は，復興できないのでしょうか。ここで縦軸が人口やGDPだと復興できないことがわかります。そして復興のためには「軸ずらし」の必要性に気づきます。では，軸をどこにずらせばよいのでしょうか。右肩上がりの時代は「豊かさ＝数で測れるものが増えること」でした。右肩下がりの時代は「豊かさ＝？」。ここから復興とは何かという問いが生まれます。

■損失と喪失

　災害で人びとはさまざまなものを失います。ただし，同じ失ったものでも「損失」と「喪失」は違います。損失（建物，道路等）はお金をかければ元に戻ります。一方，喪失（人命，地域のにぎわい等）はお金をかけても戻りません。個人の生活基盤や地域の維持基盤は損失です。これは復興の必要十分条件を考えれば，必要条件ですが，十分条件にはなりません。十分条件の鍵は喪失にあ

図表1　右肩上がりの時代の復興と右肩下がりの時代の復興の違い

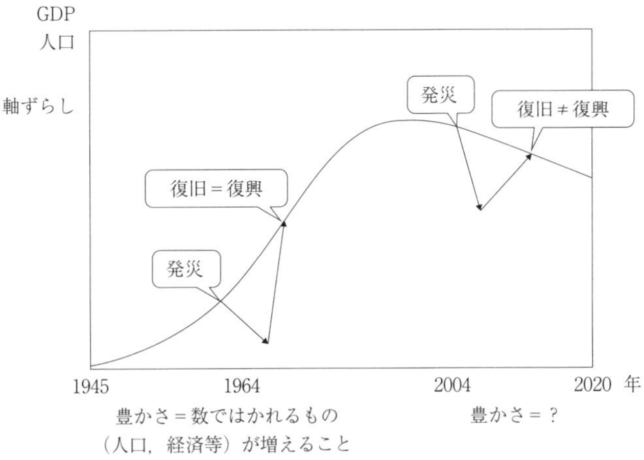

GDP
人口

軸ずらし

発災

復旧 ≠ 復興

復旧 = 復興

発災

1945　　　　　1964　　　　　　　　　2004　　　　　2020　年

豊かさ＝数ではかれるもの
（人口，経済等）が増えること

豊かさ＝？

ります。

　中越地震は，人口減少が進む農山村でおきました。農山村では，震災を機に利便性を求め，地域を離れる人が多く，人口減少が急速に進みました。人口減少の著しかった地域の共通した喪失感は「地域の存続」と「かつてのにぎわい」でした。そしてこの喪失感を補えている地域の住民は，復興感を得ていました。

　喪失感を補えている地域の住民は「次の世代が地域を担うといってくれたことが復興の証し，だから復興したといえる」，一方，補えていない地域の住民は「何があっても中央（市中心部）に近くなければと思う，奥地は青息吐息だ。地域にあった取組みを行政が，指導してくれればと思う」と答えています。

　筆者は，違いは「ガバナンス」にあると考えています。ガバナンスとは組織や社会のメンバーが主体的に関与する意思決定や合意形成のシステムです。住民が当事者意識をもちガバナンスが機能する地域では，喪失感を補えています。喪失感を補うのは「住民の当事者意識」です。

■地域復興

　戦後一貫して，人口や経済を軸に都会と比較し地方は誇りを失ってきました。その証拠に，大人たちは「こんな村にいてはダメだ。しっかり勉強して，

良い大学に入り，大企業に勤めなさい」と子どもたちに教育してきました。その結果としての地方の人口減少です。しかしながら，右肩下がりの時代に入り，リーマンショックや頻発する災害を機に，先のような「これまでのモノの見方」は大きく揺らいでいます。その揺らぎは都会の若者世代（20〜30代）で顕著で，若者の田園回帰現象も各地で確認されています（小田切徳美 2014「『農村たたみ』に抗する田園回帰──『増田レポート』批判」世界860号 188〜200頁）。

　中越地震の復興においては，積極的に外部支援者を取り込みました。とくに多くの都会の若者にかかわってもらいました。若者が発する「山菜おいしい」，「こんなお米食べたことがない」，「人があったかい」，「たくましい大人がいる」等の言葉によって，住民は，失いつつあった地域の誇りを取り戻していきました。そして「自分達でこの地域を次の世代につなげていこう」という当事者意識が生まれました。2015年現在では，地域に誇りをもち，地域独自の新しいモノの見方を作り出し，主体的に活動するたくましい大人たちに憧れて移住する都会の若者も出始めました。ここで人口減少が著しかった地域の住民の声を紹介します。「震災前，俺は孤独だった。いまは孤独ではない。これが復興だ」。この言葉より，地域独自の「新しいモノの見方」そして「豊かさ」が透けて見えます。

　地域復興とは何か。その本質は，地域の誇りを取り戻し，住民の当事者意識を生み出し，地域独自の新しいモノの見方を作り出していくことです。この考え方は，平時の過疎対策においても同様の議論が進められています（小田切徳美 2014「農山村は消滅しない」岩波書店）。このように考えると，地域復興は，災害後からではなく，災害前からすすめることができ，事前に地域復興をすすめておくことが，すなわち，災害に強い地域づくりといえます。ただし，人口と経済の軸やこれまでのモノの見方にすがりつき，地方から搾取することで膨張してきた都会では，この考え方は通用しません。その意味で，右肩下がりの時代においては，地方の存在なくしては存続できない都会が，災害に最も脆弱な地域といえるかもしれません。右肩下がりの時代における都会の地域復興とは何か。今後，わが国が真摯に向き合わなければならない課題といえるでしょう。

避難期＝復興準備期における課題

上村 靖司

■復興準備期としてみた避難期の課題

　災害避難期とは難を避ける時期ですが，見方を変えて「復興準備期」と捉えてみましょう。被災者一人ひとりの生活の再建，そして被災地域の復興に向けて，正確で有益な情報を関係者で共有し，被災者と行政，その他利害関係者（ステークホルダー）との良好な関係を構築しつつ，一人ひとりに合った，そして納得のいく再建・復興の計画，準備をすすめなくてはなりません。避難期（復興準備期）の後にくる本格復興期に向けて，好ましい雰囲気づくり，被災者主体の復興のための事前準備をすすめるうえでの課題について，事例を見ながら整理していきます。

■再建・復興のための「予想できる未来」の提供

　居住地を離れての長期避難を余儀なくされる場合など，そのときの復旧状況がどうなっているのかは被災者にはとても気になるところです。復旧が終わったら元の居住地に戻って住宅再建するのか，それとも新たな地で生活再建を目指すのか。農林水産業のように土地を資本とする仕事で生計を立てている場合にはより深刻で根源的な問題です。

　中越地震（2004年）の際，長岡市山古志地区では大動脈である国道291号線を中心に道路網が壊滅的に破壊されました。難所が多く，トンネル掘削や新たな架橋など工事の長期化は避けられない状況でした。工事を滞りなくすすめるために住民の一時帰宅にも制限がかかり，故郷の再生過程をなかなか見られません。避難生活は3年半にわたりましたが，住民から不満は出ませんでした。工事事務所が「復興ニュース」を定期的に発行して届けたからです。どこがどんな被害を受け，どんな復旧工事がどれぐらい進捗したのか。住民の皆さんは復旧の着実な進展を知り，未来の見通しを得ることができていたのです。

　被災者が失ったもののひとつ，それは「予想できる未来」です。未来を感じさせる情報，昨日よりも今日，今日よりも明日と着実に復興に向かっているという実感，これが被災者にとって希望となるのです。

■被災者と行政との良好な関係構築

「なぜ，うちには応急危険度判定は来ないのか？」。直下型の震災を経験した４万人規模の地方都市で実際に聞いた声です。１万3000棟余の建物の被害調査をすすめる必要がありました。専門家と担当行政職員をフル稼働させても，所定期間内に調査を終わらせるには１日700棟ずつ回らなくてはなりません。「罹災証明」は，公的な被災者支援制度の適用，損害保険の請求，義援金の配分など，生活再建のあらゆる場面で拠り所となる重要な書類で，これを発行してもらうには建物被害調査を終えなくてはなりません。

　一方で，大地震後の余震などによる二次被害防止のために実施される「応急危険度判定」というものもあります。行政が専門家ボランティア（応急危険度判定士）の協力を得て実施され，法的拘束力はありません。危険（赤），要注意（黄），調査済（緑）の判定結果を見やすい場所に表示し，居住者や通行者に注意喚起します。建築の専門家が直接見るため，建物被害に不安を抱く被災者の精神的安定にもつながる重要な作業のひとつです。

　冒頭の例では，法的根拠に基づく建物被害調査を優先せざるをえず，応急危険度判定の対象を7000棟余に限定したため「隣の町内まで調査は来たのに……」という住民の不満となったのでした。なかには「市は俺たちを見捨てた」と受け止めた方もいました。背景を知ればやむを得ないことと理解するのでしょうが，適切な情報提供がなされないと無用の不安と不満を助長しかねません。その後の建物被害調査でも，不服申立て（たとえば半壊と認定されたが，住民の見立てで全壊ではないかといった場合）が多数発生し，その対応のために行政業務が増大しさらに混乱しました。震災の混乱のなか，そして行政職員にとっても不慣れな業務に忙殺されるなかで，ボタンの掛け違いで相互不信に陥いることは避けなければなりません。行政が被災者の信頼を失い，その後の復興・再建過程に大きな影響を及ぼした，という事例は残念ながら少なくありません。

■誰のための復興であり，何のための復興計画なのか

　東日本大震災（2011年）で被災した福島県新地町は，いち早い復興の取組みと順調な住民合意の形成から「復興のトップランナー」という評価を受けました。防災集団移転事業に際し，集落単位でワークショップ（WS）を５回ずつ

積み重ね，時間をかけて丁寧に合意形成がはかられました。当初は，「早く復興を進めろ。行政は何をやっているんだ」と不満が噴出していたそうです。行政職員は，老若男女問わず大勢の参加を促し，丁寧に声を聞く作業を続けたそうです。不慣れな会議のやり方に住民も戸惑ったようですが，回数を重ねるうち1人の高齢女性の「こんな楽しいこと止められっか」という声に手応えを感じたそうです。夢のような未来予想図を一方的に押し付けるのではなく，できる限り多くの住民を復興過程にかかわらせて，「復興の主役は住民」との自覚を促したのです。巷にありがちな「アリバイづくりの合意形成」でなく，度重なる WS を経て「納得形成」が図られたということでしょう。

東日本大震災のような複数県をまたぐ巨大災害では国が，複数自治体をまたぐような大災害では県単位での復興計画が作られ，各自治体では上位計画に整合する復興計画が作られます。復旧でなく復興計画とよぶのは，単なるインフラ復旧ではなく「被災地，被災者の復興」を目指す計画であって「復旧はその手段」という立場をとるからです。大きな単位での計画は総花的で平均的にならざるを得ませんから，地域，住民を対象とする計画では地域の実情や人びとの意向に沿ったものにすべきです。したがって利害を共有しうる程度に小さな単位での復興計画が本来必要なはずです。理想をいえばコミュニティ単位でしょう。

中越地震（2004年）では，新潟県中越大震災復興基金の事業のひとつとして「地域復興デザイン策定支援事業」が創設されました。これは700万円を上限として地域の復興計画づくりを支援する事業で，適用対象の規模要件はありませんでした。そのため十数世帯というきわめて小さな集落でも活用されましたし，「絵に描いた餅に終わらないように」という配慮で創設された「地域復興デザイン先導事業」によって上限1000万円の活動資金まで補助されました。そのおかげで住民の内発的・主体的地域復興の取組みが加速したとされています。

行政から頼まれたわけでもないのに，岩手・宮城内陸地震（2007年）では，避難生活を送る住民組織が復興計画を作成して，発災の8ヶ月後に栗原市に提出したという事例もあります。中越沖地震（2007年）でも，商店主たちがえんま通り商店街復興ビジョンを発災の半年後に柏崎市に提出しています。復興の主役はあくまで被災した地域住民です。住民の自覚を促し，主体性を引き出すことは，その後の復興につながる好ましい雰囲気を形成していくのです。

者支援と社会保障

介 著　7600円

●イギリスにおける労働権保障の法政策分析　求職者への所得保障と求職支援が、いかなる法的構造と法規範によって支えられているかを解明。

の親子関係を問い直す

・髙橋睦子・立石直子 編 3200円

●子どもの福祉と家事実務の架け橋をめざして　離別後の親子関係の交流を促進する昨今の家事事件の流れに対し、法学と司法実務の立場から検証・提言。

における家族政策の起源と発展

茂子 著　6700円

●第三共和制から戦後までの「連続性」　家族政策により高い出生率を誇るフランス。政策の起源と歴史的発展経緯を分析し、全貌を解明。

費政策の源流

幸 著　4000円

●家庭裁判所における履行確保制度の制定過程　制度の全制定過程を丹念に分析。制度構築へ向け、貴重な史実と不可欠な視点を提供。

ツ改革における政府間行財政関係

子 著　4000円

●地域雇用政策の可能性　基礎自治体と連邦政府との行財政関係について分析し、基礎自治体による雇用実施や費用負担などの可能性を探る。

アの社会保障

暢・金 貞任 編著 3000円

中・韓・台・タイ・日の制度を比較、概観。歴史・人口の変動や政治経済状況をふまえ、社会福祉・医療・年金について詳解し、課題と展望を探る。

保険の検証　2500円

暢 著　●軌跡の考察と今後の課題

医療的ケア［介護福祉士養成テキスト4］

日本介護福祉士養成施設協会 編 2600円

ての社会福祉論

之 編　2200円

保育・介護を初めて学ぶ人に、社会福祉専門職として修得すべき基礎知識をしっかりおさえた入門書。資料やコラムも多数収載。

祉事業の生成・変容・展望

晴 著　6900円

社会福祉事業の展開を各時期に区分し、理念・範囲・形態・法的手続・経営主体等の構成要素の変容過程に焦点をあて、背景と実態を分析。

/評論

なる人のための生命倫理と社会薬学

彦・長嶺幸子・松家次朗 著 2800円

改正モデル・コアカリキュラムに即したテキスト。医療人としての薬剤師業務を効果的かつ倫理的に行う際に必要な知識を具体的に説明。

比較文化論

透 著　6800円

●「統合主義」的理論化　独自の社会哲学であり、歴史・政治・文化の体系化を目指した「統合主義」を「文化」の領域に適用した著作。

料で学ぶ国際関係〔第2版〕

道明広・古川浩司・坂田裕子・小山佳枝 共編著 2900円

社会保障論〔第3版〕　2600円

河野正輝・中島 誠・西田和弘 編

法律文化社
出版案内

2016年版

復興期の課題

　掛川直之の暮らす地域では，がれきが片付いて街並みもきれいになり，大地震の爪痕はなくなったかのように思えた。だが，建物が倒壊して再建できていないところもあって，櫛の歯が抜けたように更地が点在している。新しい住宅ばかりが立ち並ぶ区画は，火災で焼失した家々を建て直したところだった。

　街のインフラが復興するにつれ，家族を亡くしたり，家を失ったりした人たちは孤立感を深めていた。

　仮設住宅は解消され，被災者が移り住む復興公営住宅は抽選で入居先を決めた。仮設で顔見知りになった隣近所と離ればなれになり，復興住宅では閉じこもる人も増えて，「孤独死」が相次いだ。

　自治体は一人暮らしのお年寄りを中心に見守り活動に乗り出し，生活支援員などを新たに採用して個別訪問を続けているが，多数の対象世帯をまわるには恒常的に人手が不足していた。

　被災地の人口はなんとか地震前の水準に戻ったものの，不況のあおりを受けて，地域経済の復興は思うようにすすんでいない。自治体や経済界は新たな産業の誘致に力を入れたが，再建を断念する地場産業の工場もあり，商店街ではシャッターをおろしたままの店舗が目立つ。

　個人の復興はまだら模様になり，被災地では「復興格差」がいわれるようになった。

　　　　　○　　　　　○

　阪神・淡路大震災では被災した地域を復興させるために，市街地再開発事業や土地区画整理事業が各地で展開された。

　市街地再開発事業は事業主体となる自治体が強いリーダーシップを発揮できる一方で，住民の意向が反映されない恐れもある手法だ。土地区画整理事業では，所有者が土地を削って提供する「減歩」により，被災者がさらなる我慢を強いられかねない。

　「阪神」では街の復興を急ぐあまり，被災者を置き去りにしたという批判もあった。

　そんな教訓を踏まえると，大地震からの復興のまちづくりには，地域住民の意見を十分に汲み取る必要がある。被災自治体は復興計画を策定するにあたり，住民への説明会を開いてきた。

　直之の母の和美は説明会に参加したものの，難しい専門用語を使った自治体職員の説明では，どのような街並みをつくろうとしているのか理解できなかった。子どもたちにとっ

て安全で住みやすい街にしようと、和美は主婦仲間と一緒に勉強会を開いた。都市計画が専門の建築士や弁護士らを招き、まちづくりの手法や法制度について話してもらった。

「復興の担い手は被災者であって、行政ではありません」。講師役の建築士からこう聴かされ、それまでの受身の姿勢から主体的に動くようになった。和美は自治体に働きかけて、住民側に立って行政との橋渡し役をする専門家も説明会に参加できるようにした。

　　　　◎　　　　◎

自宅マンションは「半壊」の被害認定だったが、エレベーターホールの壁など共有部分に亀裂が入り、住めないほど壊れた住居部分もあって、補修か建て替えかで居住者の意見が割れた。建て替え派が多数を占め、居住者による総会では建て替え決議がなされたが、納得がいかない補修派は決議の無効を求めて裁判を起こした。

被災地の各地でマンションの再建をめぐって同様の裁判が起こされていた。いったん裁判になると、最高裁で決着するまで長期間の争いになり、マンションの再建は長引くことになった。

持ち家が全壊して避難生活中に亡くなった直之の祖父は災害関連死と認定され、祖母の恵子は賃貸マンションに一人で暮らしていた。

直之のマンションは手狭なため、地震後は病気がちの恵子と同居しようと、直之の父の進一は実家の跡地に住宅を新築することを決断した。

しかし、裁判になって再建のめどが立たない自宅マンションの売却先は見つからず、二重ローンを抱えることになった。直之の母は資格を生かした仕事を探したが、景気の回復しない被災地では勤め先がなかなか見つからず、近所のスーパーでパート勤務の仕事に就いた。

　　　　◎　　　　◎

直之は高校でも部活のサッカーに明け暮れていた。それでも、大学で公衆衛生について学びたいと考え、日々の勉強をおろそかにはしなかった。大地震で多くの人が犠牲になり、助かるはずの命を救えなかった。災害関連死した祖父に何もしてあげられなかったことを悔やみ、災害医療に携わりたいと思うようになっていた。

中学生になった妹の舞は、吹奏楽部でフルートを担当するかたわら、母方の従兄弟の伊藤篤彦の影響でボランティア活動もしていた。篤彦は大学で始めた災害ボランティアを社会人になっても続け、地域の消防団のメンバーにも加わった。

大地震で祖父を亡くし、ふさぎこんだ時期もあっただけに、進一は子どもたちの元気な姿にほっと胸をなでおろした。子どもたちの前向きな生き方に、むしろ自分の方が励まされていることに気づかされた。

勤務先の超高層ビルに大きな被害はなかったが、同僚には子どもを亡くした者もいて、気丈に振る舞っているものの悲しげな表情を時折みせた。被災地はまだ復興の途上にあることを実感させられた。

（野呂　雅之）

9

被災者

知っておきたい制度と仕組み

「人間の復興」に向けて

● 災害復興における合意形成

野崎 隆一

■合意形成とは

　災害が起こると，住民主体の復興を行うためには，復興のすすめ方，復興の計画等々を地域や関係者の間で話し合い，大方が納得し協力し合えるような総意をまとめる（合意形成する）ことが不可欠になります。「災害復興（まちづくり）は民主主義の学校だ」といわれています。しかし，ほとんどの地域では，コミュニティの中で普段話し合われるのは，日常的な生活に関するマナーや地域イベントにおける役割の分担などについてであり，一人ひとりの生活や権利にかかわるようなことが議題に上ることはないため，突然合意形成に取り組むことは，きわめて困難なことになります。

　現代社会は，フランスの哲学者レオタールが「大きな物語の終焉」と述べたように，社会的共通認識が失われ，価値観が多様化し，個別化している時代に入っています。そのような社会において「誰が考えても最善なこと」を見つけ出すのは至難の業といわざるをえません。

　しかし，そのような社会だからこそ，大きな災害を前に防災や復興という共通の課題に向けた合意形成の必要性は，増すばかりです。とくに被災した地域では待ったなしで重要判断を迫られるため，合意形成力が試されることになります。

■阪神・淡路大震災での事例

　20年前の阪神淡路大震災でも，合意形成をめぐる多くの場面が出現しました。ここでは，特徴的であった被災マンションの事例を紹介します。

(1)事例１：被災マンションＡ

　200戸近い神戸では規模の大きいこのマンションでは，被災直後に専門家による調査を行い補修可能との判断が下されました。その後，神戸市からの専門家派遣で入ったコンサルタントが建替えという選択肢もあると説明したことから意見が分かれることになりました。その後，激しい議論の末，７割以上の賛同により建替え方針が決まり，補修と建替えの比較検討が重ねられた結果，総

会において5分の4の賛同で法定決議が成立しました。しかし，その後，決議に不満をもつ権利者から決議は無効との訴訟が提起され，長い裁判に入る事になりました。結局，一審，二審とも決議は有効と判断されましたが，原告側は納得せず，最高裁の決定が出たのは震災から8年以上の歳月が経っていました。その後も，事業着手までさまざまな試練があり，結局，震災から14年後に再建マンションが完成しましたが，戻ることができた方は2割に満たない結果となりました。

　原因と考えられることは，いくつかありますが，ひとつは権利者の数が多くて一人ひとりの意見が充分に聞けなかったこと。総会は何度も開催されましたが，建替案と補修案の対立構図は変わらず，時間の制約もあり「議事進行！」という声に押されてしまうことになりました。意見の異なる人同士が，互いの考えを理解し合えるよう，もっと少人数で膝詰めでの話し合いができていればという反省もありました。弁護士や建築士がチームでかかわってすすめましたが，合意形成のすすめ方をアドバイスできる力量が足りなかったといわざるをえません。

写真1　被災状況

写真2　被災マンション再建集会

(2)事例2：被災マンションB

　30戸近くの小規模被災マンションの事例です。老朽化した賃貸アパートを分譲マンションに建て替えたものでしたが，権利者となった元からの住民が中心となり，家族的なつながりが形成されていました。被災数日後には，避難先の小学校で集まり，かなり早い段階で建替えによる復興方針を決めています。しかし，その後，行政から派遣された専門家との間で意見の違いが表面化し，再

建事業を開発会社に委託することをすすめる専門家に対して，外部の助けを借りないであくまで被災者による自力復興を掲げた組合は，別の専門家を選びました。支援専門家を断ったことは，逆に住民の結束を強化することになり，皆で資金を出し合って基金をつくり，元々長屋的な人間関係にも支えられ，いくつか存在した大きなハードルを超えて，文字通り自力で最短時間での復興を成し遂げました。

■合意形成のために

　阪神・淡路大震災の経験から，合意形成のためにわれわれが学んだことがいくつかあります。その1つは，「情報」を共有していることです。正確な情報を，必要な時期に判りやすい形で伝えること。修復不可能な意見の相違は，これができていないことに大半が起因します。情報やライフスタイルなど共有の基盤が多ければ多いほど，合意形成の可能性は高まります。

　2つ目は，意見の対立は双方が自分の正しさに固執することから生じます。多様性の時代にあっては，正しさも幾通りも存在します。それぞれ，みな考えが違うということから始めることが大切だということです。

　3つ目は，合意形成のためには，ルール／マナーやコストが必要だということです。「人の話を遮らずに聴く」「発言するときは，短く簡潔に」「人格否定や個人攻撃をしない」といったマナー。組織設立に際しては「規約」をつくる。これがルールです。コストは，アンケートなど調査に必要な資金，準備や協議にかける時間などです。

　合意形成は，民主主義と同義であり，必ずしもひとつの考えにみんなが賛成することではありません。多様な考えの存在を知り，お互いが譲り合い，全体としてどうするのが最良であるかをみんなで考えることです。妥協や，諦めや，納得の積み重ねが合意形成であるといえます。

　大きな災害に直面して，自らの生活や将来を人任せにしない，復興被害者にならないためには，被災者が主役となる復興計画が不可欠です。そのためには，被災者同士の合意形成が，避けてとおれません。急場の力にも限界があります。普段から，このような民主主義の訓練をしておくことが大切です。

● 被災ローンと二重ローン

■「被災ローン」「二重ローン」とは

　地震や津波によって自宅や社屋を失ってしまうことがあります。東日本大震災では，家を買って3時間後に流された方もありました。しかし住宅ローンはそのまま残ります。このように，大切な財産を失ったのに残ってしまったローンを「被災ローン」といいます。

　阪神・淡路大震災では，マイホームを再建するために新たにローンを組んだ結果，被災ローンと新規のローンを二重に負担することとなり，その返済に長く苦しむケースが続出しました（島本慈子1998『倒壊　大震災で住宅ローンはどうなったか』筑摩書房）。このように二重負担となったローンを「二重ローン」といいます。

　被災ローンや二重ローンを背負うことになると，被災者にとっては生活再建をすすめるうえでとても大きな足かせになりますし，金融機関にとっても不良債権を抱えることになり，被災地の経済再生にも大きなマイナスとなります。

■被災ローン・二重ローンの原因

　被災ローンが発生してしまうのは，日本の法制がローンと担保物件（自宅など）を別々に取り扱っているからです。米国の住宅ではノンリコースローンといって，担保物件の範囲でしか返済の責任を負わない方式が主流ですから，もし自宅が滅失するとローンも消えます。これは法制のあり方の問題です。

　二重ローンとなってしまうのは，住宅等の再建の補償や支援が不足しているからです。阪神・淡路大震災のときから被災住宅への補償が必要だと叫ばれてきましたが，政府は「私有財産の形成に税金を使うことはできない」という立場で，1998年に成立した被災者生活再建支援法に基づく支援金を住宅再建に使うことを絶対に認めなかったので，被災者はローンに頼るほかありませんでした。

　民事法制の仕組みと，住宅再建への公的支援の谷間の問題といえるでしょう。

■被災ローン減免制度（個人版私的整理ガイドライン）

　2011年8月22日，「個人債務者の私的整理に関するガイドライン」（以下「被

災ローン減免制度」といいます）の適用が開始され，金融機関と被災債務者の間の合意によって被災ローンを減額または免除できる制度が創設されました。①被災者の手元に，生活再建支援金，義援金，災害弔慰金のほか最大で現預金500万円，さらに地震保険金の家財相当部分を残して債務の減免を受けることができる，②信用情報登録機関に登録されない，③連帯保証人も原則として履行を求められない，④手数料は無料で，弁護士等の援助が受けられる，という大きなメリットがあります。

当初，年間1万件の利用を見込むなど期待をもって迎えられました。ところが成立件数は1400件以下にとどまる見込みです。東日本大震災の被害住宅戸数が被災3県で全壊12万戸以上であることからすると，かなり少ないです。

利用件数が少なかった最大の要因は，金融機関が返済条件を見直すリスケジュールが先行し，被災ローン減免制度の本格適用が始まるまでに，ほぼリスケジュールを終えていたからだと思われます。あらかじめ仕組みを設けておかなければ，問題が先延ばしになってしまうことを示しているといえます。

■東日本大震災事業者再生支援機構による債権買い取り

事業者も被災ローンに悩んでいます。事業再建のために二重ローンを余儀なくされることがありますが，やはり対策が必要です。

東日本大震災では，東日本大震災事業者再生支援機構を設立する法律を作

図表1　東日本大震災事業者再生支援機構の事業再生支援の仕組み

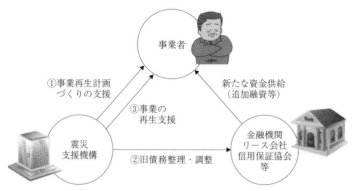

出典：東日本大震災事業者再生支援機構ホームページ

り，被災した事業者を支援するため，金融機関等が有する債権を買取るなどして債務の負担を軽減する仕組みを設けました。さらに，つなぎ融資を実施するなど，金融機関等と連携して支援を行っています。支援決定は5年以内に行い，支援期間は最長15年とされています。

　2016年3月末現在で2424件の相談を受け付け，うち672件について支援を決定し，1117億円の債権を買い取り，すでに522億円の免除を行っています。

■その他の制度

　債務を減免する仕組みは，法律上，破産手続，民事再生手続などがあります。これらはいずれも債務者の経済的再生を図る制度であり，仙台地裁では被災者の生活再建に配慮した弾力的な運用を実施し（安福達也2013『東日本大震災に伴う仙台地裁の事務処理・運用』きんざい），被災ローン減免制度の運用改善にも影響を与えました。

　そして，地震保険のような自助の制度，被災者生活再建支援法に基づく支援金や自治体が任意に行う住宅再建支援制度のような公助の制度，そして兵庫県で創設された兵庫県住宅再建共済制度（フェニックス共済）のような共助の制度をフル活用して，二重ローンに陥ることを回避することも大事です。

■これからの災害に向けて（自然災害被災者債務整理ガイドライン等）

　被災ローン減免制度や東日本大震災事業者再生支援機構は，東日本大震災のみを対象とする仕組みでした。しかし，今後の災害でも同じように被災者が被災ローンや二重ローンで苦しむことが予想されます。

　そこで，2015年12月に「自然災害による被災者の債務整理に関するガイドライン」が策定・公表されました。制度の内容は，被災ローン減免制度とほぼ同じですが，対象者が災害救助法の適用を受ける自然災害の被災者で，救済対象が大きく広がりました。簡易裁判所の特定調停手続を利用し，全国各地の災害にも対応できるようにもなりました。2015年9月以降の災害に適用されるので，同年の鬼怒川決壊水害の被災者も利用できます。

　ただし，実効性の観点からはまだ十分な制度とはいえません。被災者個人の被災ローンについても債権買取機構を立ち上げるとともに，裁判外の紛争解決機関を創設し，これらの根拠となる立法措置を講じることが望まれます。

◉ 地震保険・共済

斎藤健一郎

■地震保険と共済の役割

　東日本大震災では，津波等による住宅の全壊は12万7361棟（焼失・流失を含む）にも及び，住宅と家財の損害をベースに保険金をお支払いする地震保険の支払保険金は，1兆2654億円に及びました。同様にJA（農協）共済による建物更生共済金の支払共済金は，9335億3400万円となり，いずれも過去最高の支払額となりました。地震災害により，住宅や家財などを失ってしまった被災者支援の公助・共助の枠組みとして，生活再建支援金，義援金，災害弔慰金などがありますが，さらに自助による経済的な備えとして地震保険や共済がその役割を担います。

■地震保険と共済の相違点

　昨今，保険と共済との同質化がすすんでいるといわれ，地震保険と地震災害を補償する共済制度もその例に漏れないのですが，相違点もあります。

　一般には，保険に比べて共済はリスク区分を平穏にするといわれています。

　一例をあげると地震保険では保険の値段に相当する基本料率は，リスクの高さに応じて都道府県を4つの区分に分けていますが，JA共済の建物更生共済や全労済の新自然災害共済は掛金率が全国一律となっています。2つには，地震保険は不特定多数の方が契約できますが，共済は，原則として組合員の相互扶助の制度であることから，その契約も組合員に限られます。共済は団体ごとに組合員の職域や地域が異なるために共済間の違いが明確に存在します。3つには，地震保険は，保険会社が政府に保険をかけるという再保険制度によって，政府の後ろ盾を得ていますが，共済には，政府による再保険の仕組みがありません。

■地震保険・共済

(1) 地震保険

　「被災者の生活の安定に寄与することを目的」に法律に基づき創設され，幾多の制度改定を経て現在の形となりました。政府と損害保険会社とのジョイン

トベンチャーにより，共同で運営されていると考えればイメージしやすいと思います。政府が再保険を担うことにより，1回の地震による保険金の総支払限度額を11.3兆円と高額な金額に設定しています。地震保険は，①地震・噴火またはこれによる津波を原因とする火災，倒壊，埋没，流失による損害を補償する保険で，②補償の対象となるものは，居住用建物（住居のみに使用される建物および併用住宅）および家財（生活用動産）に限られています。③地震保険は火災保険にセットで契約することが前提で，地震による住宅や家財の損害は，火災保険では補償されません。④地震保険による損害てん補の最高限度額である保険金額は，火災保険の保険金額の30〜50％の範囲で設定し，その限度額は，建物5000万円，家財1000万円となります。被災時に保険会社から支払われる保険金は，損害の程度に応じて，「全損」は100％が，「半損」は50％が，「一部損」は5％が，あらかじめ約束した保険金額に乗じて支払われます。東日本大震災を踏まえて，財務省の地震保険制度に関するプロジェクトチームからは，半損の50％と一部損での5％との間の格差が大きすぎるとの指摘もあり，この見直しが行なわれる予定です。

(2) JA（農協）共済の建物更生共済

建物更生共済は，積立期間満了時に満期返戻金を受け取る積立型の共済制度です。建物や動産が火災や地震，風水雪災などにより損害を受けた場合は，その損害発生時に被共済者やその家族などへの死亡やケガに関しての保障と，積立期間満了時の満期払戻金がセットになった総合保障商品です。5％以上の損害が発生した場合に保障され，損害額50％を上限として建物の場合は1000万円，建物以外は500万円に損害割合を乗じたものが共済金として支払われます。営業用什器備品も共済の対象となります。

(3) 全労済の新自然災害保障付新火災共済

「全労済の住まいる共済」（新火災共済・新自然災害共済）として，新自然災害共済を新火災共済に追加し加入することで地震等，風水害等の自然災害等幅広く備えることができます。大型タイプでの全壊・全焼時の支払限度額は，1800万円，半壊・半焼の支払限度額が900万円，一部壊・一部焼が180万円，標準タイプでは，全壊・全焼時の支払限度額は1200万円，半壊・半焼時に600万円，一部壊・一部焼が120万円となっています。

■税制控除制度

　地震保険や地震の共済契約者には，税制上の優遇措置があります。「地震保険料控除」というもので，所得税，個人住民税の計算をする際に，所得金額からその年に支払った地震保険料のうち一定の金額を控除することができ，税金が軽減されます。控除することができる金額は所得税で5万円を限度とする地震保険料の全額，個人住民税で2.5万円を限度とする地震保険料の2分の1となっています。

■地震保険制度の課題

　財務省の地震保険制度に関するプロジェクトチームの報告書では，地震保険の課題解決の前提として「地震保険はリスクに備えた保険としての側面と，社会的な連帯の仕組みとしての側面を持つ。この双方のバランスが重要である。」と指摘しています。保険としての側面を重んじると，補償内容の充実や保険料の細分化などが論点となりますが，連帯の仕組みを重んじると保険料を安くし，少しでも多くの人が保険加入できるようにすることや，リスク区分を大まかにして相互扶助の観点を強くするなどの方向性が考えられます。

　東日本大震災で支払われた地震保険金の使途は，震災で被害を受けた建物や家財の復旧に充てただけでなく，災害によって支出を余儀なくされた中古自動車の購入費や飲食費などにも充てられていました。これは「生活の安定のため」の地震保険としての活用が正当になされたことをうかがい知るものです。地震保険は，制度が始まって以来，補償の充実という方向で改定がなされた結果，1995年の阪神・淡路大震災の支払保険金が783億円（世帯加入率：兵庫県2.9%）であったのに対して，2011年の東日本大震災では1兆2654億円（世帯加入率：岩手県12.3%，宮城県32.5%，福島県14.1%）を保険金として支払うことができました。しかし，「生活の安定のため」にという目的に寄り添うには，補償は小さく保険料は安価で，加入しやすい補償制度にも大きな価値があるのではないかとの意見もあります。震災から5年の節目を迎え，地震国日本列島にあって，あるべき補償制度を改めて見直す時期に来たものと思われます。

● 中小企業・自営業と地域の復興

宮定　章

　筆者が被災地のまちづくり支援にかかわってきて思うのは，「復興は事前の備えが大切」ということです。阪神・淡路大震災の被災地，兵庫県神戸市長田区の事例をお伝えします。

■災害が起こると──災害で失う住まいと暮らし

　災害では，家も仕事も失うことがあります。大規模災害になると，復興過程において，人も中小企業もまちを離れてしまい，「まちが無くなる。」ということも現実味を帯びてきます。そうならないようにするためには，地域にとって一人ひとりの住まいと暮らしの再建が大事です（地域の安定的な生活のためには，事業を再開することが大切ですが，事業は借金を背負う可能性が高いので，再開するかどうかも考えなくてはなりません）。災害の大きさには関係なく，生き残ったその日から日常生活へ戻すために，被災者は，できるところから商売を始めなくてはなりません。災害後，多くの支援がやってきます。しかし，自分の住まいと暮らしやまちをつくるのは，被災者自身なのです。物を生産したり，一次産業にかかわる仕事は，ほぼ毎日安定供給するからこそ，経営できています。ほとんどの経済活動は，一度止め，安定供給できないとなると，客が離れてしまいます。再開するなら，早めの決断が，震災後の環境変化を最小限にでき有利です。

■再開すると決めたら……──関係各所への意思表示

　未曾有の災害に見舞われ，普段から考えると，物理的には不利な条件で再開するのですから，まずは，再開するかどうかを判断する経営者を従業員やお客さんは見ています。そこで，経営者が意思表示することが大事です。

(1) 人材の確保

　従業員も，被災している企業で働けるかどうかを不安に思っています。再開の意思表示をすると，従業員は仕事を探すのも大変ですから，まずは安心します。熟練の従業員を一時解雇して，再開後，再雇用しようとしてもお互い生活があるため再度雇用できるかどうかわかりません。災害前の日常時では出な

かった力が出てくる可能性があります。

(2) 再建場所の決断

　事業再開のために，土地の確保から始めなくてはなりません。従前地は，大きな被害を受けていますから，この地を整地して従前地にて再建するか，時間が許さないなら，この地を離れ，条件のよい場所を探すという選択肢があります。

① 従前地にて再建

　自分の土地を整備して再建しようとしても，災害後は，インフラの復旧・復興等にも時間がかかります。業種にもよりますが，事業を継続するためには，仮の再建も仕方がありません。取引先や従業員の事を考えると，一刻も早く事業を再開しなければならない。また，一度転出して再建すると，再度戻ってこられることはほとんどありません。なぜなら，転出してしまうと，転出先で新しい顧客や取引先とのネットワークができます。きれいなまちになって戻ろうと思っても，引っ越しや設備費用に資金が要るからです。そして，元のまちに戻ったところで，以前の顧客は戻ってこないからです。

② 従前地以外（転出地）にて再建

　すぐに従前地で再建できない場合，従業員への給料や取引先への代金を支払うためには，営業再開を一時も待てず，地区外の空き物件を探し，転出して再建しなければならないことがあります。他の被災した経営者も空き物件を探すなか，すぐに空き物件が見つかることは少ない（貸してもらえるかどうかもわからない）でしょうから，日頃からの人間関係を大切にし，独自のネットワークで探すことが重要です。

(3) 取引先（顧客）への連絡

　取引先も，事業継続のため，必死に材料等調達先を探します。だから，再開すると決めたら，取引先を離さないためにも，再開日時等を連絡するのがよいでしょう。

(4) 設備資材の確保

　設備の確保ですが，ほかの被災されていない企業の設備更新をねらう等，優先的に回してもらうくらいの覚悟が必要です。また，周辺では，残念ながら辞めるとか，設備更新で使用していない設備を持つ企業もあります。日頃から観

察しておくことが大事になります。

(5) 支援策を探る

　災害後，関係省庁から，支援策（雇用助成，グループ補助金）が出されます。さまざまな種類がありますから，商工会や専門家（中小企業診断士）等に相談するとよいでしょう。補助金に頼ることは，必要以上の大きな資産（不良資産）をもつことになり，維持するために，無駄な経費がかかったりし，逆効果の場合があります。日常時に戻す（客と関係を継続的にする）ことが大事です。

(6) 災害後の多くの仲間

　災害により多くのものを失いますが，震災から事業を成立させるために，大きな力になる新たな仲間を得たり，不良資産を失ったことで資産の活かし方を学んだり，よいこともあります。また，新しい仲間は，震災前の人間関係がつないでくれます。日常の人間関係を大切にしておくことが重要です。

■次の災害に向けて

　地域は，住宅だけでもお店だけでも成立しません。都市部では，市場経済により新規参入がありますが，地方部では，一度失うとなかなか元には戻りません。災害後の地域の再生と共に生業を再生・継続しなくては，せっかく事業継続しても客が一定数確保できず，苦労することになります。復興予算では，「住宅」「商業」「工業」とバラバラに応援するのではなく，地域に即した復興のための制度が必要です。地域の一員として一人ひとりが，どんなまちをつくるのか，どのようにして地域は成立しているのかを，災害が起こる前から感じて，想像していることが重要です。

10
行政

誰のための復興なのか

「復興災害」を防ぐ手立て

● 復興政策

大矢根 淳

■「誰のための復興か」をまずは「誰が復興を立案するか」から考えてみます

　「復興」は，役場のどの部署が，いかなる法制度のもと，具体的にはどのような事柄を推進していくことを意味するのでしょうか？　災害対応を担う災害対策本部の業務とはかなり異なるようです。

　実はつい最近まで，「災害対策基本法」（1961年制定）には「復興」に関する規定が必要十分に明記されていませんでした。そこで阪神・淡路大震災（1995年）を経て政府は，「可能な限り迅速かつ円滑な復旧・復興を図る」ため，「防災基本計画」の見直しを始め，内閣府（旧国土庁）において，これを「復興準備計画」の検討として推奨してきました。しかし実際には，これの策定が低調であることが，『地方公共団体における災害復興事前対策の推進に関する調査報告書』（内閣府 2006～2010年度）で把握されて，その普及啓発が課題とされていたところでした。

　まさにそこに，東日本大震災（2010年度末）が発生したのです。この震災復興を契機に2013年6月，災害対策基本法が改正されて，「……復興の枠組み等を含め，防災に関する制度の在り方について所要の法改正を含む全般的な検討を加え」ることとされ，「大規模災害からの復興に関する法律」（2013年）が制定されて，「特定大規模災害からの復興のための施策に関する基本的な方針」（8条）が，やっと記されることとなったのでした。

■被災現場における復興政策の具体像は……？

　それまでは上にも記したように，わが国の法制度では復興の概念・その位置づけが不明確であったため，その都度，先例に倣い対応が重ねられてきました。その端緒は関東大震災の復興都市計画事業だといわれています。関東大震災の復興に際しては，当時の内務大臣・後藤新平が，東京・横浜を中心に都市計画法（1919年制定）に基づく土地区画整理事業を中核に，帝都復興＝復興都市計画事業を企図しました。その約20年後の戦災復興ではこれが空襲で焦土と化した全国の都市に拡げられて特別都市計画法が適用され，阪神・淡路大震災

（1995年）では復興都市計画事業として，東日本大震災では被災市街地復興特別措置法に基づいて安全で災害に強い市街地の整備が唱えられすすめられています。

　脆弱な社会環境ゆえに被災したわけですから，同様の外力で再び被災することのないよう，強靱な国土形成が声高に求められてこれがすすめられることになります。その結果，復興事業で瀟洒・高価な街並みが形成されることとなりますから，社会的に脆弱な従前居住者層・借家層は，災害で生き延びても，そこは家賃が高すぎて住み戻ることが難しくなり，結果的に居住階層が入れ替わっていきます。これはジェントリフィケーション（gentrification）といって，洋の東西を問わず，地価上昇を伴う環境改善事業では論理必然的に付随する出来事となっています。被災してどうにか生き残ったにもかかわらず，災害復興の諸事業で従前居住地を追われてしまう層が把握されてきたことで，これが「災害復興における復興災害」（塩崎賢明 2014『復興〈災害〉』岩波書店）とよばれました。

　しかしながら地方公共団体では，以前の脆弱な層が入れ替わることによって，相対的に人口も税収も増えて，結果的に社会事業費が削減されることになりますから，これを推進していくこととなります。このようにして復興は，全庁的取組みとして，役場の中枢の市長公室や企画課などを舞台にして組み上げられていきます。復興事業は，当該の地方公共団体の議会において，被災前の近い過去に民主的に承認されてきている中長期計画である都市マスタープランをベースにすることとされて，これがこの機に前倒しで実施されることとなります。被災後の復興過程で，当該地域にとっては懸案の，潜在的な社会開発が一気に日の目を見て加速し，たとえば新幹線や空港，高規格道路・バイパス建設などが続々と日程化してくることとなります。

■物語復興──グラスルーツの復興政策へ

　ところが，こうした復興政策としての都市基盤再整備に，被災者・被災社会からは切実に「総論賛成・各論反対」が唱えられます。二度と同じような惨禍を繰り返してはいけないとして，災害に耐えうる社会の再構築が希求されますが（総論），その過程で，都市計画事業など公共土木事業で自らの生活基盤が異動・消滅させられる事態（各論）には抵抗感を覚えるのです。

そこで参照されてきたのが「物語復興」の取組みです。これは，サンフランシスコのロマプリエータ地震（1989年）の被災地・サンタクルーズでの取組みに学んだものです。次の世代に向けてどのような街を作り残していきたいか，各論に入る前にまずは総論，「言葉」による復興ビジョンが語り合われました。そこでは300回ものワークショップやイベントを経て，「Civic Living Room：ダウンタウンを市民の憩いの間にしよう」とのビジョンが共有されることとなって，復興の総論が物語として紡ぎ出されてきたといわれています。

　新潟県中越地震（2004年）の被災地では，サンタクルーズの事例に学びつつ，独自に中間支援組織「中越復興市民会議」を立ち上げ，ワークショップなどを重ねながら独自の復興の物語を紡ぎだしつつ，市民と行政との協働による復興まちづくりをプログラムしていきました。

■事前復興——復興政策の射程の延伸

　これらと平行して東京では，復興を被災後の取組みのみとしてではなく，被災前からの息の長い防災まちづくりの一環として位置づける実践，「事前復興」という災害復興事前対策（復興政策）への展開も見られます。

　阪神・淡路大震災の復興都市計画事業に対峙した防災社会工学者達は，そこで従前居住者である被災者の切実な声に直面しました。そこで，「災害が起こる前提できちんと被害を想定して，実際に災害が起きたときにどのように手を打っていくのかを事前に検討しておいて，今からできることは今からやっておこう」と考えてこれを実践することとしました。

　まちなかでワークショップとして重ねられる「事前復興」の実践例，東京都豊島区上池袋地区では，住民サイドからの要望を受けて「都市復興マニュアル」と「生活復興マニュアル」が策定（1997年度）され，その後，この２つのマニュアルが「東京都震災復興マニュアル」（2003年）に改訂・統合されたところで，このマニュアルの「プロセス編」に基づき「震災復興まちづくり支援プラットフォーム準備会議」が創設され，世界に先駆けて「震災復興まちづくり模擬訓練」が実施されています。

　復興政策の枠組みと実践は各地でこのように豊かに拡がりつつあるのです。

● 復興計画のあり方

越山 健治

■復興計画を作ることの意味

　大規模な災害被害が発生した場合に，都道府県や市町村では多くの場合，復興計画が策定されます。行政組織には，初動対応・応急対応・復旧といった段階と比較すると，災害対策基本法にも災害救助法にも復興段階は何をするかがあまり明確には書かれていません。なので，復興計画に，実行方法や仕組み，すすめ方を書き込むことで再建の全体像を描くことになります。復興とは，被災という新たな現実に直面し，これまでにできなかったことを実行することですから，方法も仕組みも創発しなければなりません。復旧ではなく復興を実現するためには，この計画が道標になる必要があります。

　実行力をもつ復興計画を策定するためには，内向的な役割と外向的な役割をもたせることが必要です。被災地の再建を推し進め，将来の姿を示し，被災地内の市民・企業・行政等，いわゆる利害関係者（ステークホルダー）で共有していくという内向性はいうまでもありませんが，一方で，計画実行のための法的・制度的措置や財源を引き出すため，上位自治体や国の省庁など関係機関と能動的な調整・交渉をする根拠資料となります。さらには被災地外の世論に対して，復興を実現しようとする取組みを示すという外への力，すなわち外向的な役割を有しています。この復興計画に込められた内容によって，内外の力を結集することが可能になります。その性質自体が通常の総合計画や行政計画とはまったく異なる点です。

■復興計画による3つの課題解決

　災害からの復興計画は，日本ではいくつも実行されてきています。20世紀の都市の安全は，災害からの復興が教訓となり，とくに都市基盤については災害復興計画を軸として形作られてきたといっても過言ではないでしょう。しかし，20世紀後半となり，全国の都市基盤が整備されてくると，災害からの復興は，都市計画だけのものではなくなってきました。災害によって破壊されるものが構造物や空間だけでなく，それ以外の要素も考慮することが求められるよ

うになってきました。

　室﨑益輝は，災害復興計画のもつ役割は，存在意義とその影響力からして3つの課題解決のため，と論じています（室﨑益輝1998「復興都市計画論の再構成」三村浩史ほか編著『地域共生のまちづくり』学芸出版社 322～347頁）。被災から1日も早い回復をはかるという「被災回復の課題」，同じ被災を繰り返さないために安全化をはかるという「都市防災の課題」，被災をバネにしてより理想的な都市像を追求するという「理想追求の課題」です。これらのバランスは，被災規模や時代背景，都市特性によって異なりますが，被災後の現在，近未来，次世代につながる3つの課題に立ち向かう計画であるという点は共通しています。

　また林春男は，復興の構造を，最初に社会基盤の復旧があり，次の段階に住宅再建や都市計画といった都市再建と経済の活性化と中小企業対策といった経済再建があり，これらを通じて被災者の生活再建を完成させると論じています（林春男 2003『いのちを守る地震防災学』岩波書店）。これは，現代の復興計画に盛り込む要素を端的に表しているといえます。

■復興計画策定上の3つの要素

　意味のある復興計画を策定するためには，以下の3つの要素を考慮しておく必要があります。上述の役割をもつためには，内容の有無よりも，どのように作られるのか，計画にどのような仕組みをもたせるか，が重要になってきます。

(1) 住民の合意形成や参画体制

　災害が起こると，被災した住民の防災に対する意識は一時的に格段に高まり，二度と災禍を起こさないための計画や整備の重要性は十分に同意できるものとなります。しかしながら，このバランスは被災者の生活再建と都市の空間の形によって成立するものなので，時間とともに徐々に変化します。昨今問わず，既存枠組みで実行可能な計画案を行政側が一方的に実行すると，大きな困難が発生しています。

　そのため復興計画においては，住民との対話を通じた合意形成プロセスが不可欠となります。パブリックコメント募集や住民代表者への意見聴取といった日常時の方法ではなく，計画策定段階から多数の住民が自らの考えを示し，協

働して参画する取組みが必要です。復興計画が，被災地の共通理念となり，力を束ねるための内向的役割をもつためには，徹底した住民との対話が必要であり，従来型の行政主導計画ではなし得ません。復興の担い手は，行政ではなく被災者であり，その意思を共有することが重要な要素となります。

(2) 首長のリーダーシップと専門家集団の協力

　被災した住民の合意形成を取り入れた計画策定や，社会全体の再建を組み立てる計画立案といった作業は，日常組織で実行されるものではありません。その点で非常時の計画といえます。そこには日常とは異なる利害対立，混乱が発生することが不可避です。そのため，強く責任をもち引っ張っていくリーダーの存在と，非常時の状況を読み解き，計画を立案する知識を有した専門家集団の存在が不可欠となります。

(3) 計画のモニタリングと修正の仕組み

　復興計画が対象とする被災社会は，常にひと・もの・かね・情報が動いており，法制度といったルールさえも可変的になります。被災者の意識も地域の経済状況も，どんどん変化していくものです。このため復興計画のなかに，被災地の状況にアンテナを張り，状況に応じた計画の修正・見直しを是とするシステムを組み込んでおくことが必要となります。具体例としては，阪神・淡路大震災時に行政・住民・専門家・支援者といった被災地の現実課題に直面している人びとが毎月のように議論を繰り返し，政策提言を行う役割を担った「被災者復興支援会議」があります。

　一方，行政組織にとって，一度決まった計画や事業を修正したり，変更したりすることは容易ではありません。しかし復興計画は非常時の計画であり，現実に直面する課題と向き合わねばなりません。社会の状況も激変するので，スピードと答えが要求されるものがほとんどとなります。日常とは異なる業務システムとなることを踏まえた計画の位置づけが必要になります。

● 住宅復興政策

■住宅復興政策とは

　住宅は人間の生活基盤であると同時に，地域生活空間を構成する要素です。そのため被災者と被災地が災害から復興していくためには，住宅を再建していくことが欠かせません。行政による住宅復興政策は，災害で住宅を失った被災者がそれを取り戻すだけではなく，住宅を中心とした地域社会におけるくらしやコミュニティを回復していくことを視野に入れて設計される必要があります。

　住宅復興の方法には，行政による災害公営住宅の供給と被災者による自力再建があります。東日本大震災以降の住宅復興政策の到達点と課題について説明します。

■自力再建が困難な被災者に対する災害公営住宅

　災害公営住宅は公営住宅法の８条にて以下のように定められています。「国は，事業主体が災害により滅失した住宅に居住していた低額所得者に賃貸するため公営住宅の建設等をするときは，当該公営住宅の建設等に要する費用の三分の二を補助するものとする」。阪神・淡路大震災では避難所→応急仮設住宅→災害公営住宅で繰り返される転居が，コミュニティの破壊につながり，孤独死として顕在化しました。その教訓から，仮設住宅居住者のグループ入居制度やコミュニティづくりに対するサポートも充実するようになりました。

　しかし，依然として多くの課題が残されています。たとえば，災害公営住宅と被災者による自力再建という住宅復興政策が別々に考えられていることです。人口減少社会において，むやみに公的住宅ストックを増やすことは，自治体経営の側面から見て適切ではありません。自力再建が困難な世帯にとって災害公営住宅の供給が欠かせないことは確かですが，できるだけ自力再建を増やすための支援補助金を充実させて，それを補完するために災害公営住宅を位置づける必要があります。被災者の自立を促す住宅再建支援補助金と災害公営住宅をセットとした住宅復興政策の設計が大切です。

■自力再建とそれを促す住宅再建支援補助金の変遷

　「被災者には，生活と自立の基盤である住まいを自律的に選択する権利があり，これを保障するため，住まいの多様性が確保されなければならない」。これは関西学院大学災害復興制度研究所と日本災害復興学会法制度研究会が公表している災害復興基本法案8条の文言です。被災者のニーズは多様であり，彼らにとって良い住宅復興をするためには，被災者自身が住宅復興の主体となることが最もシンプルな方法でしょう。

　にもかかわらず，自力再建に対する公的支援は非常に限定的です。阪神・淡路大震災の被災地では，被災者に対する公的支援を求める声が市民運動として展開され，これが被災者生活再建支援法として結実しました。阪神・淡路大震災以降に発生した新潟県中越地震，能登半島地震では，自治体による独自の支援が展開されました。被災者の住宅再建を支援しなければ，地域の復興は実現できない，被災者の生活も回復しないという危機感をもった自治体の対応です。

　このような流れは住宅復興政策の大きな前進でしたが，東日本大震災で状況が一変しました。東日本大震災の被災地で自治体が行っている自力再建に対する住宅再建支援補助金の多くは，津波被災により住宅を失い，かつ，災害危険区域に指定されなかった世帯を対象にしています。なぜでしょうか。災害危険区域に指定された地域の被災者は，防災集団移転促進事業に参画することが可能であり，同事業では住宅や宅地購入にかかる利子補給を受けることができるのに対して，区域外被災者はこれができないからです。つまり，行政による公平の原則が住宅再建支援補助金の大義名分となっています。被災者の自力再建を後押しするための補助金という性格ではないのです。このような変遷は自力再建に対する支援補助金の理念と仕組みが，非常にあやうく，不安定なものにすぎないことを証明しています。

■住宅復興政策としての防災集団移転促進事業の課題

　東日本大震災の住宅復興の特徴のひとつは，住宅の移転を余儀なくされる点です。津波から人命，財産を守るために，沿岸市町村の各地では防災集団移転促進事業による団地造成工事が本格化しています。同事業は災害リスクの高い土地からの移転を促して外力の曝露量を減らすことを目的とした事業ですが，今次災害では被災者の自力再建を金銭的に支援するために活用されています。

被災者にとっての住宅再建，安全な住宅地を建設するためには，同事業は有効です。しかし，一区画あたりの造成費用が膨大であり，多額の税金を用いて作られた団地は住み継がれていく住宅地になるのでしょうか。いまの被災者を救うだけでなく，この住宅地を地域の社会的資産としていく視点が重要です。具体的には土地所有権を個人ではなく自治体か第三セクターなどが保有することがひとつの方策でしょう。

　また人が住むエリアは海から離れた内陸部に移動しています。集団移転だけではなく，被災者が単独で移転を決めて，住宅を再建する行動の集積が市街地空間の構造を変えています。高齢者は自家用車を持たないため，病院や買物などに行くことが困難になっています。住宅建設や宅地造成工事が，住宅復興政策の終わりではありません。復興計画と住宅復興政策を両輪として，被災者にとって暮らしやすいまちづくりをすすめていくことが求められます。

■事前住宅復興への転換

　東日本大震災の住宅復興施策の経験と教訓をもとにして，将来発生が懸念されている南海トラフ巨大地震に向けてどのようなアプローチで住宅復興政策を用意していけばよいのでしょうか。

　災害が発生したのちに，住宅復興政策を用意していては遅すぎます。事前住宅復興をすすめていかなければなりません。広義には災害が発生しても被害を受けない，あるいは災害リスクを回避する住宅再建に対する備えをすること（たとえば地震保険への加入），狭義には多様な住宅復興の選択肢を用意し，それを実現できるような手立てを備えておくことを指しています。住宅復興のための備えとは，被災者に対する支援制度の拡充だけではなく，災害が発生する前に個人が住宅の耐震化をすすめること，災害リスクの高いエリアからの移転すること，それを促す制度を用意すること等を含みます。近年では災害前に応急仮設住宅の建設戸数が算定されていますが，これは被害想定を出発点にしています。これは間違いです。耐震化やリスクの低いエリアへの移転などを事前に行うことによって，できる限り被害をうける住宅を減らす目標とその対策を検討し，それでも住宅を失う被災者に対する仮設住宅の供給を考えることが事前住宅復興のアプローチです。このように事前と事後を合わせて，多面的な方策を足し算をしていく事前住宅復興への転換が求められています。

⬤ 復興基金

青田 良介

■復興基金の仕組み

　復興するうえで被災者の生活再建は大きな課題です。私有財産やビジネスへの公的支援が難しいとされるなかで，一歩踏み込んだ支援策として「復興基金」が設置されてきました。図表1は東日本大震災以前の主な復興基金を示したものです。これ自体は制度化されていないので，被災自治体がその度設置するかどうかを決めます。財源も特定されておらず，主に地方交付税交付金が使われますが，義援金，国の特定交付金，宝くじ等が投入されることもあります。組織的には，財団法人をつくり公費とは別に執行する場合と，自治体が直轄し予算に組み込む場合があります。ルールが固定されていない分，地域の実情を踏まえ柔軟に執行することができるともいえます。

■復興基金の特色

　その機能には，大きく「公助を補完するもの」と「自助・共助を後押しするもの」があります。前者の場合，1990年の雲仙普賢岳噴火災害では，火砕流や土石流に伴い警戒区域が設定され，そこでの居住やビジネスが禁止されましたが，補償されませんでした。1995年の阪神・淡路大震災でも住宅再建が大きな課題でした。これらに対し，復興基金を用いた支援が実施されました。雲仙では義援金を財源に組み込んだので住宅本体の再建に使えましたが，阪神・淡路では地方交付税が主な財源であったため，間接的な支援として住宅ローンに対する利子補給しか認められませんでした。

　1998年に被災者生活再建支援法が制定されたものの，阪神・淡路大震災の被災者には遡及適用されなかったことから，兵庫県では復興基金で補完する措置をとりました。復興基金は，2004年の新潟県中越地震，2007年の能登半島地震，2007年の新潟県中越沖地震でも設置され，住宅に地元の建材や瓦を使用する場合や，雪害対策を講じる場合には，助成されるようになりました。このほか，被災者生活再建支援法の改正も行われ，住宅支援が強化されてきました。

　自助や共助の後押しについては，被災者のコミュニティ再建やNPOへの支

援等があります。新潟県中越地震では，中山間地集落の過疎高齢化が一層すすむことが懸念されました。文化や習俗を共有し，相互扶助により生活を営む，山の暮らしの良さを生かした復興が行われました。

その特色は，行政，中間支援組織，被災者の三極構造で復興基金を使って再建に取り組んだことです。これらを核に，ボランティア，市民団体，産業界，専門家，大学等とも連携しながら，集落の課題や再建方策を共有する地域復興交流会議や，集落の将来像を描き事業化する復興デザイン策定等が実施されました。地域復興支援員を集落に配置し，都市住民との交流事業，廃校舎を使った宿泊施設の開設，盆踊りや賽の神といった伝統行事の復活など，復興基金を財源にボトムアップ型の取組みがすすんでいきました。

生業支援にも基金が使われています。国の災害復旧事業の対象から外れた棚田に対し被災農業者が自ら修復する場合に助成されました。死んだ錦鯉や家畜の処分から購入に至る経費も一部負担しました。闘牛の保存にも使われています。新たなコミュニティビジネスとして，地元の野菜や山菜料理をふるまう食堂の開設などにも補助されました。地域のニーズや資源を掘り起こしながら，ともすれば受身になりがちな集落民のやる気を引き出し，再生の主体へと変革させた意義は大きいといえます。中間支援組織や地域復興支援員の人件費，管理費も復興基金で賄うことで，これら民間支援者が持続的に活動に専念できる環境を整えたことも特筆すべき点といえます。

■東日本大震災復興基金に期待されること

東日本大震災復興基金は，震災から約半年後の2011年10月17日に設置されました。特別交付税を財源に被災9県に計1960億円が配分されました。これに独自の財源を積み増しした県もあります。2013年3月には，津波により甚大な被害を受けた6県の沿岸部の住宅再建のため，計1047億円が追加配分されました。これらの財源の半分が県から市町村に交付されました。ほとんどの自治体が復興基金を予算に組み込み，取り崩しながら執行しています。

(1) 住宅再建への支援

2回目の配分を受けて，沿岸部の被災自治体では，「移転か現地再建か」「利子補給か直接支援か」を問わず，支援策を用意することができました。巨大災害では住まいが戻らない限り地域が復興しないことに伴う措置と考えられま

図表1　これまで設置された主な復興基金の概要

名　　　称	設置期間	事業費総額（事業数）
雲仙岳災害対策基金（長崎県）	H 3. 9 ～ H.14. 8	275億円（ 73）
北海道南西沖地震災害復興基金（奥尻町）	H 6. 1 ～ H10. 3	約140億円（ 73）
阪神・淡路大震災復興基金（兵庫県・神戸市）	H 7. 7 ～継続中	3550億円（113）
中越大震災復興基金（新潟県）	H17. 3 ～継続中	600億円（130）
能登半島地震復興基金（石川県）	H19. 8 ～継続中	34億円（ 23）
能登半島地震被災中小企業復興支援基金（石川県）	H19. 7 ～継続中	非公表（ 16）
中越沖地震復興基金（新潟県）	H19.10～継続中	120億円（ 53）
中越沖地震被災中小企業復興支援基金（新潟県）	H19.10～継続中	

す。充分ではありませんが，阪神・淡路大震災の頃から比べると格段の進歩ともいえ，時代の先鞭をつけてきた復興基金の特色を見出すことができます。

(2) ソフト面での被災者支援

　震災から約5年が経ち，インフラやハード整備の進捗とともに，ソフト面の充実に焦点が移ると思われます。そこでは，自治会やまちづくり協議会等による自助の力と，NPO，専門家等共助の力が欠かせません。生業再建もあります。既存の枠組みには収まらないもの，すなわち，単年度に縛られない事業，想定が困難で変更が予想される事業，縦割り行政では拾えない横断的事業，やる気のある者を優先する事業，試行的に実施する事業等にこそ復興基金を活用すべきではないでしょうか。中越の被災地では集落の鎮守や祠をコミュニティ施設とみなし再建を支援することで，集落の維持に寄与しました。

　復興基金の事例が増えるにつれ，支援メニューが定番化し，一部公費で制度化されたりするものがありますが，被災者のニーズは，時代，場所，災害によって変わるから，常に制度を先取りする復興基金の役割が必要です。その舵取りをするガバナンスも重要といえます。

　東日本大震災の場合は，津波により壊滅的な被害を受け，ゼロからコミュニティをつくり直さなければなりません。福島では，帰還，町外コミュニティ，避難生活を並列させながら再建がすすもうとしています。前例のないなかで，復興基金を使い官民協働のガバナンスを推進する，現場目線と民間ならではの発想を生かした，地域主導による再建が求められるのではないでしょうか。

11

支援者

あなたのことを忘れていない

復興における第三者の視点

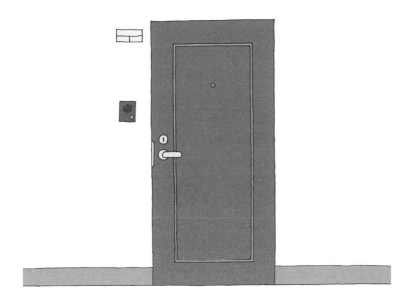

● 復興情報

磯辺 康子

■被災者を追い詰める情報不足

災害からの復興過程で，被災者にとって不可欠なもののひとつが「情報」です。

たとえば，被災直後ならどんな情報が必要でしょうか。多くの人が求めるのは，安否情報です。家族や親類，知人が無事かどうか。それは，どの災害でも求められる情報です。

新聞などに掲載される犠牲者の名前は，警察が発表しますが，大災害では犠牲者の数も多く，確認に時間を要します。津波で流されたり，火災に遭ったりすると，身元の特定にはさらに時間がかかります。災害直後の混乱のなかでは，遺体安置所がどこかといった情報も得にくくなります。万が一家族が亡くなった場合，被災していない火葬場を探すのにも大変な苦労があります。

東日本大震災は，多くの人が自宅外にいたり，移動していたりする日中に発生したうえ，津波で流された人も多く，「どの避難所に誰がいるか」という情報が切実に求められました。ほとんどの人が自宅にいる早朝に発生した阪神・淡路大震災とは異なる状況で，一部の地方新聞では，各避難所の避難者名簿を入手して掲載するというかつてない取組みに踏み切りました。

安否情報だけを取ってみても，「情報」がいかに重要なものであるかがわかります。さらに，被災者は水や食料の入手など，自らが生きていくための情報も得なければなりません。通信手段が絶たれ，情報過疎の状態となる被災地では，必要な情報を手に入れるために大変な身体的，精神的負担がかかります。情報を得る手段が限られる障がい者や高齢者はなおさらです。そして，こうした問題は発災直後だけでなく，復興の過程でも続いていくのです。

■被災地，被災者同士の「学び合い」を

何年にもわたる復興過程では，個人の生活再建からコミュニティ全体の復興，地域経済の再生に至るまで，さまざまな支援策の情報があふれます。近年の災害では，行政，民間を問わず，ネット上で大量の支援情報が発信されるようになりました。しかし，そのなかから自分に必要な情報を選び出すのは大変

難しいことです。行政の情報は難しい言葉で書かれていたり，支援対象に細かい制限があったりします。また，被災者支援策は災害の種類，その時々の国や自治体の財政状況などで異なり，同じ災害でも自治体によって差があります。復興の段階に応じて内容が修正されたり，新しい支援策が追加されていったりすることも珍しくありません。自治体の職員でさえ，全体像をつかめていないこともあり，被災者が制度を理解するのは容易ではありません。

　こうした問題を解決するため，被災者の視点に立った「翻訳」をすることがメディアの重要な役割となります。具体的な事例を挙げたり，わかりやすい言葉でかみ砕いて伝えたりすることが，被災者の支援につながります。復興の制度に詳しい専門家がわかりやすく分析することも必要です。被災者の思いに寄り添い，どんな制度を利用して暮らしを再建していくかを共に考える存在として，ボランティアも大きな役割を果たします。メディア，専門家，ボランティアは支援策の問題点を指摘し，国や自治体に改善を求める立場でもあります。

　その過程で，過去の被災地，被災者に学ぶことは重要です。被災者も被災自治体の職員もボランティアも，過去に被災した人びと，支援者の立場であった人びとから直接経験を聞くことで，自分たちの復興に必要な方策が見えてくることがあります。災害は一つひとつ異なり，すべてが教訓となるわけではありませんが，過去の被災者に学ぶことで，自分の置かれた状況をある程度客観的に把握し，復興の道標を見いだすことができます。現実的な生活再建の問題だけでなく，心の復興の面でもさまざまな気づきを得ることができます。これまでの多くの災害で，そうした被災者同士の「学び合い」が行われてきました。

■被災者の孤立を防ぐことが復興への道

　災害では必ず「風化」が課題となります。食い止めることは難しいものです。しかし，家族や住まいを失った被災者にとって，経験が簡単に風化することはありません。災害から時間がたつにつれ，被災者は被災地外との意識のギャップに苦しみ，孤立感を抱く人が少なくありません。どの災害でも「自分たちの存在を忘れられることが怖い」という被災者の声をよく聞きます。

　重要なのは「風化」を強調することではなく，復興段階がすすめばすすむほど，そうした被災者の孤立の問題が深刻になるという点を認識しておくことです。そして，孤立感のために被災者が復興への意欲を失うという状況を生み出

さないよう，あらゆる支援者が努力を重ねることです。

　過去の被災地との交流は，孤立感を和らげるのに役立つでしょう。被災体験をもつ人びとは，いま苦しんでいる被災者の思いを理解することができます。「いつまで言っているのか」「前を向きなさい」というのでなく，「私もそうだった」「あなたたちのことは忘れていない」といったメッセージを伝えられます。被災者は時間がたてばたつほど周囲に被災の苦しみを吐き出すことが難しくなりますが，同じような体験をもつ者同士であれば，共感して語り合うこともできます。

　メディアは，継続的な「復興報道」によって被災者の歩みを後押ししていかねばなりません。阪神・淡路大震災以前，10年，20年という長期にわたる復興報道は例がなく，短期間の「被害報道」で終わってしまうケースがほとんどでした。災害に備える「防災報道」という視点はあったものの，長期的な復興の課題に対する問題意識が欠けていました。

　阪神・淡路大震災では，震災で心身に障害を負った人の苦しみ，「復興災害」といわれる巨大プロジェクトの行き詰まりなど，年月を経て明らかになる問題が数多く出てきています。そうした長期的な過程を見ていかなければ，災害の本当の姿は見えてきません。

　伝え続けることで，被災者は「忘れられていない」という思いをもつことができます。また，メディアが伝える場をもち続けておくことで，被災者も経験を語りたいと思ったときに語ることができます。多くの被災者は，自らの体験を語り継ごうという気持ちになるまでに時間を要するため，「語ることができる場」があり続けるのは重要なことです。その語りを見聞きして，声を上げられずにいる被災者も勇気づけられます。

　復興情報の発信は，次代の減災へとつながっていきます。災害から数年はさまざまな機関からの情報発信がありますが，次第にその量は減っていきます。東日本大震災では，被災直後から膨大な情報が蓄積されていますが，発信をどう継続し，次の災害にどう生かしていくかを考え続けなければなりません。復興過程で示される課題は被災地だけではなく，日本全体として考えていくべきものです。なぜなら，日本は地震，噴火，水害などあらゆる危機に直面する災害多発国であり，それが，どの地域でも起こる可能性があるからなのです。

「災害孤独死」を防ぐ

　阪神・淡路大震災でにわかに注目された「孤独死」は，その後，被災地に限定されない社会問題として広く認識されるようになりました。今や単身世帯は1678万世帯に達し，65歳以上の男性の10人に1人，女性の5人に1人が一人暮らしとなっています。もはや東京都監察医務院がいうように，「一人暮らしという世帯がある限り，誰にもみとられず，死後発見されるような死に方を無くすことは事実上不可能」なのかもしれません。

　しかしながら，被災地で生じてきた「孤独死」と，高齢化や単身化を背景とするそれとは，本当に地続きなのでしょうか。たしかに「誰にもみとられず，死後発見される」という場面だけを切り取ればその通りかもしれません。ですが被災地の「孤独死」は，「災害孤独死」とよばれるべき明らかな特異性をもっています。

■「災害孤独死」の特異性

　「災害孤独死」の特異性とは，第1に死因の曖昧さです。医学上の死因が曖昧という意味ではありません。「死体検案書」には死因が明記され，その多くはアルコールに起因する疾患であることがわかっています。ただしそれらは，誤解を恐れずにいえば，病死と自死のあいだのグレーゾーンにあるという点において，きわめて曖昧なものと捉えられます。アルコール依存と治療行為からの離脱，セルフネグレクトが引き起こした死——被災地で臨床にあたってきた額田勲医師は，それを「緩慢な自殺」と表現しました。

　第2に，「災害孤独死」のリスクは復興過程という，いわば外在的な要因によって作られてきました。被災によって家族や知人，仕事を失った状態から再び生活を立て直していくためには，暮らしの拠点を定め，社会関係を再構築していくことが必要です。しかしながら，住宅困窮者は入居先を選べない「抽選」によってなじみのない地域の仮設住宅に移動し，慣れてきた頃にはふたたび「抽選」によって別の地域の復興住宅に移動するという不安定な居住を余儀なくされました。「孤独死」リスクは，その不安定な居住を通して膨張してき

第11章　[支援者]あなたのことを忘れていない ● 133

たのだと考えられます。実際，阪神・淡路大震災では，被災地から離れた仮設住宅や従前の住まいとギャップの大きい復興住宅の高層階において，より発見されにくい「孤独死」が生み出されてきたことが明らかとなっています。

■「災害孤独死」はどのように発生するか？

　では，こうした外在的要因によるリスクの高まりと「緩慢な自殺」はどのように結びついているのでしょうか。社会関係を再構築できない被災者は，不安定な居住のなかで孤立を深め，ときにそれはアルコール依存を引き寄せました。周囲との接点を失った暮らしはやがて，一切の社会的承認からも隔てられてきたのだと考えられます。そのとき彼はまだ亡くなってはいません。だがもはや，その生存を知る人はいないという境遇を起点とし，生物学的な死に至るプロセス，それが「災害孤独死」です。発見の主たる契機は異変や異臭であり，あるいは家賃の滞納や生活保護費の受取の不在といった行政手続きであり，誰かのコールに対するレスポンスの不在ではありません。よって多くの場合，発見までには長期を要することになりました。

　「孤独死」を一律に「被災地に限定されない問題」と捉えるのは，被災という経験を無視しているだけでなく，生活再建の過程における不安定な居住実態にも無自覚な態度といわざるを得ません。そして不安定な居住は，被災者自らが選択したものではありません。すでに述べたように，仮設住宅や復興住宅の入居先は，多くの場合「抽選」によって他律的に決定されたのです。

■「グループ入居」「コミュニティ入居」の問題

　もっとも，どこに住むかを選べない「抽選」方式への反省がまったくなかったわけではありません。阪神・淡路大震災では，復興住宅への入居に際し，近隣や知人どうしでまとまって入居できる「グループ入居」という制度がありましたし，東日本大震災でも，仙台市などにおいて「コミュニティ入居」や「グループ申込み」といった同様の制度が運用されています。

　これらは従前の人間関係の維持を可能にするという点において，十分に評価されてよいと思います。ただし次のような懸念も生じます。おそらく同じ被災者のなかでも，豊かな社会関係を維持している人とそうでない人がいます。「グループ」や「コミュニティ」を形成できるのは，より明確な関係性を有する人どうしであり，そこから漏れるのは，より不確かな関係しかもたない人と

いうことになります。すなわちこの制度は，豊かな関係をより確かにする一方で，脆弱な関係に依存する人びとの関係をより不確かなものへと導く可能性を構造的に抱え込んでいます。「孤独死」のリスクが脆弱な関係の切断によって高まるのだとすれば，この制度の瑕疵はけっして等閑に付すことはできません。原則的には，「グループ」や「コミュニティ」を形成することに先立って，慣れ親しんだ地域に住み続ける権利，帰還する権利，あるいはどこに住むかを選択する権利を保障することが，より重要であるように思われます。

■「災害孤独死」をいかに防ぐか？

　住み続ける権利，帰還する権利，どこに住むかを選択する権利の保障は，「災害孤独死」を防ぐためのもっとも基礎的な方法です。ところが，「孤独死」問題解決の切り札は「見守り」であり，被災地においてもそれが自明視される傾向にあります。「災害孤独死」にとって見守りはあくまで二義的な対策にすぎません。なぜなら既述の通り，「災害孤独死」には外在的な要因が大きく絡んでおり，だとすればその要因を取り除くこと，すなわち孤立のリスクを抑制し，不要な見守りニーズを生み出さないことこそが根本的な課題であるからです。

　もちろん，見守りが重要でないというわけではありません。阪神・淡路大震災では，LSA（生活援助員），SCS（高齢世帯生活援助員），見守り支援員といった人びとの精力的・献身的な努力によって，被災者の孤立が抑えられてきました。彼ら／彼女らの支援がなければ，さらに多くの「孤独死」が発生していたのは間違いありません。しかし，被災者の孤立を生み出してから，事後的に見守りで対処するという手順は明らかに錯誤であり，支援者への負担と責任の押し付けにほかなりません。

　本来の支援者とは，見守りに携わる人びとだけでなく，復興事業や防災計画を協議し，立案し，実行する過程にかかわるすべての人びとであるはずです。見守りという「水際」に委ねるのではなく，そうした人びとの積極的な関与によって可能なかぎり見守りを必要としない状況を維持することが決定的に重要です。「孤独死」をなくすことは事実上不可能でも，「災害孤独死」をなくすことはできるはずです。

◉ 災害時の専門士業の連携の到達点と課題

中野 明安

■阪神・淡路大震災での専門士業の活動

1995年1月に発生した阪神・淡路大震災は，未曾有の都市型災害であったことから，数多くの防災活動等に関する教訓が残されましたが，そのなかに，私たち弁護士や建築家等専門士業にも非常に貴重な教訓があります。それは「被災者が有する悩みや相談事というものは多種多様であり，災害復旧時や復興時に生じるそれらの悩みを適切に解決するためには，各種の専門士業が密接な連携を取って相談に応じる必要がある。」というものです。たとえば，被災マンションについて建替えるべきか修繕で対応するべきかの判断の問題や，複合構築物の再建事業問題，復興まちづくり問題など，たとえば弁護士だけの相談対応では解決ができず，専門士業の連携協力がなされたことによって解決できた，という事案に多数出会うこととなったのです。

■専門士業の活動連携の意味──その社会的役割

専門士業の役割は，平常時における専門的分野における事業活動の取組みが考えられますが，これに限られません。「専門資格」を得て業務を営む専門士業は，社会からいただいた「専門資格」で獲得した知見や技術を社会に還元すべきです。それは，とくに受益する立場の国民，住民が厳しい立場に置かれている状況，たとえば被災状況に置かれている被災者に対して還元することが有益です。阪神・淡路大震災での復興支援活動に取り組んだ専門士業連携組織「阪神・淡路まちづくり支援機構」は自らも被災者でありながら，その実践に取り組みました。私たち専門士業は，この神戸での取組みに賛同し，これを継続的な取組みとすべきと考え，平常時から復興まちづくりに関する士業連携の組織を設立する取組みを開始しました。

■災害時の専門士業の役割

災害復興支援組織に参加する専門士業が有する専門知識は，医師や災害救助隊のような災害時に直結する知識や技能というものではありません。しかし，被災時とは平常時の延長線上にあります。阪神・淡路大震災のとき，弁護士

が，税理士が立ち上がり，被災者の話を聞き，士業が集って解決に向けて一緒になって考えました。そして「我々の平常時の知識を応用・活用することで災害時の被災者のつらい悩みごとを解決できる。」ということを実践しました。専門士業の有する平常時の専門的な知見や技術は必ずや災害時，復興時にも役立ちます。災害時には多数の複雑な問題が発生しそれぞれの権利・利益調整が必要となります。その結果，被災時には，平常時では表面化しなかった社会制度の問題点や欠陥が一気に噴出し表面化することになります。一方，平常時に頼りにしている行政の皆さんは多忙をきわめ，被災者の相談や要請に応じきれない可能性もあります。そのような被災時の場面こそ，まさに，専門士業が自らの専門的な知見・技術を駆使して権利・利益調整を実施し，制度の問題点等を改善する提言等を行うなどの社会還元を行うときなのです。

　ただ，その実践には，あらかじめ専門士業が結集し，被災者の思いや悩みに真剣に向き合い，「自分の知識が，どうすれば被災者復興支援に役立つことになるのか。」を考えておく必要があります。さらに各専門家のそれぞれの知見を重ね合わせ，すりあわせたうえで，それを融合させてゆくことが求められます。

■これまでの取組みと今後の展開

　各地の専門士業団体は，阪神・淡路大震災における有益な教訓および阪神・淡路まちづくり支援機構の取組みの重要性を認識し，現在では，神戸・大阪を筆頭に，静岡，東京，神奈川，宮城，広島，札幌，そして長野で災害復興支援に関する士業連携組織が設立されています。

　そして，既述のとおり阪神・淡路大震災においては神戸，大阪の専門士業が，復興まちづくりにおける専門士業連携が実現し，東日本大震災では，直後の2011年5月に阪神の専門士業，学者，東京の専門士業，宮城の専門士業がその連携をして復旧復興を支援しようと誓い，いままさに宮城の専門士業がその取組みを継続しています。また，東京の専門士業は2013年の伊豆大島の土砂災害に際して東京都からの要請に応じて被災現地にて被災者向け相談活動に従事し，広島では，2014年8月の土砂災害に際して復旧時の緊急相談活動を経て，現在も，広島市と協働して復興まちづくり支援に取り組んでいます。東京の災害復興支援の専門士業連携組織である「災害復興まちづくり支援機構」では，2011年12月から岩手県大船渡市の碁石地区の復興まちづくり支援に取り組んで

おり，継続的に複数の専門士業が同地区を訪れ，高台移転のための住民間の合意形成，公営住宅建設支援，産業復興支援の取組みを積極的に行っています。

■今後の課題

　このような専門士業連携の取組みは，単に専門士業だけの連携だけにとどめるべきものではありません。行政や市民との平常時からの連携が不可欠です。また，当該地区だけでの連携にとどめるべきでもありません。現時点の専門士業連携活動を核として，そのネットワークを広げ，さらに全国的な展開に結びつけることが必要であると考えています。それは，第1に，日本は災害大国であり，いかなる地域でも被災の可能性があり，各地において当該地域に根ざした活動が必要と考えられるからです。そして第2に，当該地域で大規模災害が起きればわれわれ自身も被災者となり他地域からの援助を受けることが不可欠だからです。たとえば，神戸の場合では都市機能が完全に麻痺したため，大阪からの支援や全国各地からの支援がありました。第3として，専門士業連携による支援活動が効果的に実施されるためには，行政，被災者からの信頼が不可欠だからです。そのため，積極的に当該取組みの状況を広報し，「どこの地域でも普通にある組織・活動」にしておくべきです。

　その他，今後の課題として検討すべきことをいくつか列記します。

　①全国ネットワークの実現です。全国の士業が連携できるために，各士業の全国的組織（日本弁護士連合会等）が協議を始めるべきです。

　②士業連携の質的な充実です。被災経験のある地域の専門士業連携の実績について積極的に経験交流するべきです。また，各士業が自らの立場に固執することなく被災者支援を第1に議論をすべきです。

　③学者の参画を推進するべきです。都市計画，法律その他の学識経験者の知見を求め，社会制度の問題点等を検討し必要な改善提言ができるだけの知見にすべきです。

　④専門士業の団体での連携で活動ができない場合に専門士業が個人で連携できることを支援する枠組み（個人版支援組織）の創設をすべきです。

　これらの課題に積極的に取り組むことが社会的にも求められていると考えます。

「まちづくり協議会」の役割

野崎 隆一

■神戸市の「まちづくり協議会」

　1970年代後期に，それまでは国の専権事項であった都市計画の地方分権をすすめようという動きがあり，地域の総意があれば地域独自の都市計画ルールを決めることができる，いわゆる「地区計画制度」ができました。これにより「まちづくり」における地域住民主権が，初めて法律で根拠を得たといえます。

　神戸市は，全国に先駆けて1981年12月にいわゆる「まちづくり条例」(「神戸市地区計画及びまちづくり協定等に関する条例」) を制定しました。戦後の経済成長に伴う急激な人口流入は，住宅と工場の混在地域での公害や生活インフラの整わない急造住宅地を出現させ，激しい住民運動が起こりました。条例は，そうした住民への対応策でした。意見を広く汲み上げて地域の総意をまとめる住民側を代表する組織として「まちづくり協議会」を位置づけ，そこに「まちづくり構想」の提案権を与えました。また，同時に専門家の派遣制度や認定した団体には活動助成も行うことにしました。これが全国に先駆けてまちづくりを推進するモデルとなりました。しかし，自治体で条例を設けて，こうした「まちづくり」に取り組んでいる自治体はまだ，全国でもほんの一部でしかありません。

■復興まちづくり協議会とは

　阪神・淡路大震災では，激甚被害エリアに都市計画決定を行いましたが，被災住民の意向を聞かずにつくられた復興事業計画 (「土地区画整理」と「市街地再開発」) に多くの住民が反対を唱えました。そこで，行政は住民が対案をつくり地域の総意をまとめたら事業計画の修正に応じる約束をしました。いわゆる「都市計画決定の二段階方式」というものです。それに伴い，対案のとりまとめを支援する仕組みとして「まちづくり専門家の派遣」と「現地事務所の設置」を合わせて実施しました。

　震災前には，12地区しかなかった「まちづくり協議会」が，一挙に100地区以上に広がりました。区画整理事業の記録を見ると「まちづくり提案」提出まで，6〜10ヶ月を要し，その間に100回以上の会合がもたれており，週に1〜

写真1　定例役員会（神戸）

写真2　まちづくりワークショップ（気仙沼）

２回は集まって話し合っていたことになります。暮らしの将来を決めるため徹底した熟議が，不可欠であったということです。また，平行して行われたアンケートや個別の相談ヒアリングや交渉は数え切れません。こうした「まちづくり協議会」を担ったのは，従来からの自治会役員も加わりましたが，地域の店主や事業所経営者，リタイアした組織人など復旧の過程で出現した非自治会の人たちも多く加わりました。

■地域自治組織との違い

　被災地の95％を占める白地地域とよばれる復興都市計画事業が適用されなかった地域でも，いくつか復興まちづくりの試みが行われました。ある地域の連合自治会長さんの言葉「地域の復興について議論をしなければならないと言うことは，よく理解出来たが，元々自治会という組織の限界は，個々の私的権利にまでは踏み込めないことだ」は，既存の地域自治組織の限界と「まちづくり協議会」の必要性を語っています。

　「自治会」と「まちづくり協議会」は，どう違うのかとよく聞かれます。被災地に出かけると，自治会があるのになぜ「まちづくり協議会」を新に設立しなければならないのかとよく聞かれました。神戸市のように条例があれば，説明は楽ですが，法的位置づけなしに存在意義を理解してもらうのは困難でした。

　そこで，目的と要件を以下のようにまとめてみました。

　　①地域の将来像を構想し，その実現方法について，地域の総意をまとめること（合意形成）を目的とする。

　　②対象となるのは，地域住民だけでなく，地区内に土地・建物を所有する

すべての権利者を含む。

③決定は，個々の財産や権利にかかわるため，対象となる人びと一人ひとりに対し充分な広報・公聴を行うことが不可欠である。

④規約を定め，厳格にそのルールに従わなければならない。

　これらは，会社や団体など明確な目的をもつ法人では当たり前のことですが，伝統や習慣に基づく地域運営を行ってきた地域組織にとっては，面倒で堅苦しいことでしかありません。しかし，大きな災害からの復興において，地域にかかわるすべての人びとが，意見を述べ協議し，民主的なプロセスを経て地域の将来を決定することは非常に重要です。

■専門家・行政の役割

　これまで経験のないことを地域で行う組織ですから，専門的知識や合意形成のすすめ方についてアドバイスを行う専門家の存在は非常に重要です。過去の災害においても，こうした外部の専門家を受け入れた地域とそうしなかった地

図表1　まちづくりコンサルタント派遣の流れ

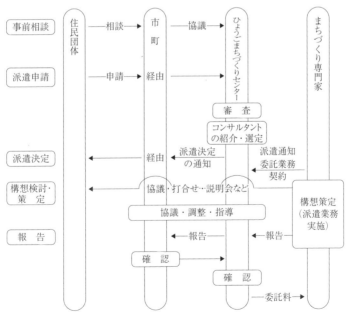

出典：㈶兵庫県都市整備協会「ひょうごまちづくりセンター」パンフレットより

域，受け入れた専門家とうまくやれた地域とやれなかった地域，さまざまな明暗があります。

　阪神・淡路の被災地と東日本との大きな違いは行政が専門家派遣の仕組みを実施したかどうかです。阪神・淡路では神戸市がもっていた仕組みを兵庫県が制度化して，被災地全域で使えるものとしました。専門家も地域で設立された「まちづくり協議会」も行政からの派遣であるということから，一定の責任と義務を共有する安定感がありました。また，そのことにより専門家と行政の間のコミュニケーションも必然的に成立することになりました。

研究

復興策の策定

復興の本質論

● 人間復興

山中 茂樹

■人間の復興

　「人間の復興」とは，大正デモクラシーの旗手にして福祉国家論の先駆者でもある経済学者の福田徳三が，関東大震災の折，時の内務大臣・後藤新平の復興政策に異議を申し立てた際に使った言葉です。後藤は震災の犠牲者が10万人を超えるという大惨事のなか，帝都復興の儀を掲げ，「理想的帝都建設の為の絶好の機会なり」として首都の大改造をめざしました。これに対し，福田は「私は復興事業の第一は，人間の復興でなければならぬと主張する。人間の復興とは大災によって破壊せられた生存の機会の復興を意味する」と唱え，「国家は生存する人よりなる。焼溺餓死者の累々たる屍からは成立せぬ。人民生存せざれば国家また生きず。国家最高の必要は生存者の生存権擁護，これである。その生存が危殆に瀕することは，国家の最緊急時である」と喝破しました。福田にとって，建造物や道路からなる物的都市は，あくまで「人間復興」のための手立てにすぎず，「今日の人間は，生存するために生活し，営業し，労働せねばならぬ。すなわち生存機会の復興は，生活・営業・及び労働機会（これを総称して営生という）の復興を意味する。道路や建物は，この営生の機会を維持し，擁護する道具立てに過ぎない。それらを復興しても本体たり実質たる営生の機会が復興せられなければ何にもならないのである」として，まさに「コンクリートから人」への通念の転換を訴えたのです。

■法の趣旨ねじまげる行政国家

　ひるがえって近年の日本はどうでしょう。阪神・淡路大震災では「私有財産自己責任論」が，住宅再建支援を求める被災者を「復興は自助努力・自力再建」と突き放しました。東日本大震災では，「日本経済の再生なくして被災地域の真の復興はない」という復興基本方針が復興予算の流用を生みました。なぜ，「人間の復興」が災害法体系として整備されないのでしょう。1つは憲法29条が定める財産権不可侵の原則です。所有権を中心とする財産権は，公権力といえども侵害しえないという原則のことですが，裏返せば財産から利益を得

る代わりにリスクも負わなければならない。国家は自然災害に責任はないから，個人は貯金や保険で災害に備えるべきだ，という新自由主義的な発想が政府や政府寄りの学者の根底にあるからです。もう1つは，復興特需で全体の景気がよくなれば，回り回って被災者の懐具合もよくなってくるという復興経済の循環説もあります。「日本の再生なくして東北の復興はない」というロジックや阪神・淡路大震災で提唱された創造的復興などもこの考え方に立つものでしょう。

　もちろん，為政者や実際に政策を運用する官僚に優れた先見性と被災者に対する熱き心があるなら，改めて問題にすることもなかったのかもしれません。

　しかし，会計検査院は2013年秋，2011年度と2012年度の復興予算15兆円のうち1.4兆円，事業全体の2割強の326事業が被災地と直接かかわりがない「流用」と発表しました。

　新聞報道などを拾ってみれば，レアアース鉱山の買収資金に80億円，調査捕鯨の支援経費に23億円，核融合の研究開発拠点構築に42億円，国際交流基金の運営費に1億1900万円と，およそ東北の復興とは関係なさそうな事業名が並んでいます。なかでも，あきれるのは2012年度に36億円が計上された官庁営繕費のうち，被災地に使われたのは石巻港湾合同庁舎の4.5億円のみ。3分の1にあたる12億円は，内閣府が入る東京・霞が関の中央合同庁舎4号館の免震化に充てられていました。新国立競技場を建設するため，その後，取り壊されることになる東京・国立競技場の補修工事費にも3億3000万円が計上されていたとあります。震災でひび割れた樋や壁の補修だったそうですが，すぐ取り壊すのなら，この補修は一体何だったのでしょうか。

　この流用を合法化させたのは，基本方針に盛り込まれた「防災，減災等のための施策」「世界に開かれた復興」「日本経済の再生」という3つのキーワードです。民主，自民，公明の与野党3党合意に基づく，これらのキーワードが被災地以外に公共事業をばらまくことになったカギなのです。

　一方，基本方針の改定が法の趣旨をねじまげるという事態も起きました。放射線量が一定量計測された地域に住む人に「避難・居住・帰還の選択」を任せ，国が支援するという「原発事故子ども・被災者支援法」が議員立法で成立したのは2012年6月21日のことです。ところが，1年2ヶ月を過ぎても，具体策を示す基本方針が策定されず，避難者らが国を相手取って訴訟を東京地裁に

起こす事態をも招きました。この間，支援法を担当する水野靖久参事官が市民団体の開いた集会に参加した後，「左翼のクソどもから，ひたすら罵声を浴びせられる集会に出席」などとツイート，停職30日に加え，他省庁へ異動になるという不祥事も起きました。ところが4年半後の2015年8月25日，「放射線量は発災時と比べ大幅に低減し，避難する状況にない」という基本方針改定案が閣議決定されたのです。「避難区域以外の地域でも線量が十分低減しているという状況ではないこと」「避難の継続を希望する人が多くいること」を理由に，避難者，支援団体からは「子ども・被災者支援法」の基本的な理念や規定を無視したものという反発が起きました。

■災害復興基本法

　統治行為が法の趣旨を乗り越える究極の形を行政国家といいます。総統の下す命令や措置がすべての法律と同等の価値をもつようになったナチスの全権委任法は極端な例ですが，行政府が情報を独占し，統治の主導権を握ろうとする兆しは，水野参事官の次の発言からもうかがえます。2013年3月19日に，支援法を巡る国会議員のヒアリングに出席した水野参事官は，被災者や支援者から十分なヒアリングができていないと谷岡郁子参院議員（当時）らに詰め寄られると「法律をちゃんと読んでいただきたい。政府は必要な政策を講じる。何が必要かは政府が決めると書いてあります」と反論したというのです。

　このような状況下で「人間復興」の理念を政策決定の過程に反映させていく仕組みをつくるというのは至難の業です。基本方針の改定にあたって政府はパブリックコメントを募集しますが，いくら意見を寄せても必ず反映されるという保障はありません。

　たとえば，基本方針の改定にあたっては，政策評価委員会の設置を義務づけ，委員は被災者のなかから裁判員裁判のような仕組みで選ぶなど民意を反映させる仕組みをつくっていくことが大切でしょう。また，遠回りではありますが，憲法13条に基づく被災者の自己決定に基づく幸福追求権を何らかの形で保障する規定を盛り込んだ災害復興基本法を制定することが大切です。東日本大震災復興基本法は単なる手続き法にすぎませんし，被災者の人権や権利を盛り込んだものとはなっていません。いまこそ全国に点在する被災地が連帯して「人間復興」の理念を反映した復興基本法の制定運動に手をつけるべきでしょう。

● 私権の保護

■私権はなぜ守られねばならないか

　日本国憲法29条1項は「財産権は，これを侵してはならない」と定めています。私的財産権の保障です。近代市民革命の精神を受け継ぐ経済的人権の宣言といわれ，フランス人権宣言2条，ナポレオン民法典544条，ドイツ・ワイマール憲法153条などの流れを汲んでいます。典型的には土地・家屋の所有権や借地権など，人が独立した生活を営む基盤となる権利が，一個の人格権として保障されているのです。憲法29条3項ではそのような財産権が，公共事業によってやむを得ず制限される場合には，「正当な補償」が必要であることを明記しています。「損失補償」とよばれ，私的財産権の保障を裏打ちしています。

　戦前の大日本帝国憲法27条では，所有権について，「公益ノ為必要ナル処分ハ法律ノ定ムル処ニ依ル」とし，法律の根拠さえあれば公益のための制限が容易であり，損失補償は言及されていませんでした。戦前に盛んに用いられた都市計画手法が，原則として損失補償を伴わない「土地区画整理」であり，災害復興にも多用されたことは示唆的です。

　現代の災害復興においても区画整理その他の公共事業が多用されています。一般に，公共一般の便益のために特定の私権が制限を受ける「公用制限」であれば憲法29条3項の損失補償を要するが，私権者自身が地域的な公共の福祉の増進によって便益を蒙る「警察制限」であれば憲法29条2項により無償である，と説明されます。災害復興における区画整理は，私権者自身が街区の安全性向上等の便益を蒙るとして通常は無償で実施されますが，たとえば道路拡幅等のために土地面積を削減する「減歩」が15％を超えるような大幅な私権制限においては，もはや地域の安全を守るという警察制限の範疇を越え，損失補償の文脈に転じると考えられてきました。

■私権への影響

　では現実の災害復興では，私権にどのような影響が生じているのでしょうか。阪神・淡路大震災では，戦災で焼け残り戦災復興当時の区画整理から漏れ

第12章　［研　究］復興策の策定　● 147

ていた住宅密集地で，大規模火災が生起したことから，震災復興ではそれら地域に特化した区画整理事業や都市再開発事業が実施されました。一部の該当地域では，大幅な減歩に伴い減歩補償金による一部補償が起こったほか，共同建替えによる高層住宅への立体的な換地，また土地所有者と借地権者・借家権者との複雑な私権調整など，私権の様相に変化が起こりました。ただこうした復興事業の該当地域は比較的限られていました（神戸市の区画整理で5地区125 ha，再開発事業で2事業26ha 等）。

　これに対して東日本大震災の安全対策では防潮堤・高台移転・区画整理を組み合わせる「多重防災」が採られ，区画整理だけでも3500ha が実施されています。地震火災という局所的対策と異なり，津波防災という広大な面的対策が必要であったためです。しかもこの区画整理では数〜十数ｍからの土盛りによる「嵩上げ」工事を伴い，かつ防潮堤の建設が前提となっており，完成までに数年を要する点が阪神・淡路大震災との相違です。この間，被災者の自由な復興活動は制限されざるを得ず，私権制限の補償問題が浮上します（小高剛2011「震災と財産権」ジュリスト1427号）。また都市部と異なり，区画整理を施行しても価額総額が減少する地域があり，この場合は各戸に按分して「減価補償金」の支払いが必要ですが，行政側はこの資金を先行買取りに費消しており，損失補償違反です。

　高台移転についても同様に数年を要しています。国土交通省主管の防災集団移転事業は，建築基準法39条により永久的な居住制限が適用される「災害危険区域」の指定と，移転促進地域の指定を重ね合わせる運用がなされています。しかし「移転促進」といっても元地と高台を交換する換地方式ではなく，元地を行政が買い取り，高台を分譲（ないし貸与）する方式ですので，元地は安価で買い上げられたが高台は高くて手が出ないという被災者が続出し，こうした行き場のない層については災害公営住宅が受け皿になっています。しかし先祖代々の土地に永久的な居住制限をかけられてしまい，それを行政に売却しても高台購入の足しにならず，土地なしの賃貸生活に陥っていく，ご先祖様に申し訳ない，という声がよく聞かれます。一般の世帯は，居住地が唯一残った資産であるわけですから，そこに居住禁止規制が敷かれ，行政から立ち退きを迫られ，やむなく廉価で売却せざるを得ない事態は，生きる基盤を丸ごと失ってしまうことを意味します。

当たり前と思って住んでいた地面。その権利を行政に売却してしまった瞬間から，被災者は貨幣経済に取り込まれていきます。もはや，ささやかな地面で野菜を作り，地先の浜で海藻を拾う，つつましやかな生活を営むことができず，生きていくことじたいにお金がかかります。災害公営住宅の家賃すら払い続けていけるのか，不安が尽きません。私権を失った瞬間から，被災者は生きる基盤そのものを失っていることに注目が必要です。私権は市場取引価値に留まらない，まさに人の生存を支える人格権なのです。

■復興監査制度と復興計画修正サイクル

そのような生存基盤としての私権が公共事業により制限される局面では，私権制限を最小化する比例原則が働き，また損失に対する正当な補償が不可欠です。たとえ災害復興の大義名分があろうと不当な制限は許されず，それを監査・監督する制度構築が必要と考えられます。諸外国では災害対応と並行して，特別の行政監視枠組みが設置されたり（たとえば東日本大震災と同じ2011年に生起したニュージーランドのクライストチャーチ地震の復興監視委員会），被災者の便益を代表するNGO等の第三者訴訟の勃興が見受けられますが，これは災害対応がえてして公益を旨として私権制限に働きがちである危険性を認識し，平常時の制度を超えた監視枠組みを想定するものでしょう。

じじつ東日本大震災の復興過程では，ゆき過ぎた私権制限が見受けられ，復興監査制度が機能していれば防げた可能性があります。たとえば「多重防災」では財政配慮から，高台移転を縮小し「レベル１クラス」の安全対策に留める方針を採りましたが（東日本大震災はレベル２クラス），安全基準が低いのに，数年に及ぶ私権制限を継続する運用は，比例原則に反するでしょう。区画整理では幅員17mの不要不急の産業道路建設のために２割超の大幅な減歩が行われた地域もあります。高台移転は行政の決めた事業ですから，行政側が高台造成費と元地運用の差額をリスクテイクする換地方式が選ばれるべきだったでしょうが，被災者に転嫁する売却方式になりました。

私権の保障は，裁量的な公助でなく，国家の憲法上の義務だという再認識が必要でしょう。日本の災害対応の実態においてそうした私権の尊重が不足するとすれば，適切な復興監査制度を導入し，復興計画の評価点検・修正メカニズムに組み入れる法制化が待たれます。

福島復興問題の基本視点

山川 充夫

■原発事故未収束と早期帰還政策との矛盾

　福島復興の基本的な矛盾は，東京電力福島第一原子力発電所の事故処理が不完全なもとで，避難住民の早期帰還政策を加速させていることです。2011年3月11日に発生した東日本太平洋沖を震源とするマグニチュード9.0の巨大地震は，東日本地域に大震災と巨大津波とをもたらしただけでなく，東京電力福島第一原子力発電所を襲いました。原子力発電所は全電源を喪失し，1〜3号機が炉心溶融を起こし，水素爆発が建屋を崩壊させ，90万 TBq と推計される放射性物質を外部に放出させました。

　事故を起こした原発は事故処理がまだほとんど手付かずです。放射性物質によって汚染された福島県相双地域のうち，年間累積被ばく線量が5mSV を超える地域は避難指示区域に指定され，福島県全体では2015年8月末でなお10万人を超える住民が福島県内外に避難しています。また安倍首相が「福島原発の汚染水は完全にブロックされていると認識している」と発言したにもかかわらず，実際には原子炉建屋からの汚染水の漏出は止まっていません。

　原災避難者が避難元に帰還しない理由は明確です。まずは放射線被ばくへの健康不安であり，これはとくに子育て世代において高く表れています。国は避難指示区域を帰還困難区域・居住制限区域・避難指示解除準備区域に再編し，除染の進捗や空間放射線量の低減を理由に，一部地域において避難指示解除をすすめています。避難指示解除にあたっては，国は帰還者の生活利便性を確保するために，電気・ガス・水道・交通インフラ・買物拠点の復旧・再開・整備だけでなく，生活支援相談員や復興支援員による見守りなどをすすめています。

　しかし避難者が帰還することについて，「まだ判断がつかない」割合は減少せず，「戻らない」割合がむしろ高まっています。「戻る」あるいは「まだ判断がつかない」という避難者の意向で重要なことは，実は「みんなが戻れば戻る」という選択肢のなかに隠されています。福島復興にあたっては避難者が空間放射線量被ばくによる長期的な健康被害不安がなくなり，原災以前の自然・

生活・仕事・雇用・福祉・教育・文化環境の再生がまずなされなければならないのです。

■放射能除染ありきと中間貯蔵施設設置の矛盾

　原災地復興の第一歩は空間放射線量の低減にあり，放射能汚染の除染作業が急ピッチですすめられています。除染作業は避難指示区域では国が直轄事業として，それ以外の地域では市町村が実施しています。放射能の除染は，放射性物質を空間的に移動させ，遮断することしかできません。この除染作業がすすむためには放射性物質を含む除染物質を蓄積する「中間貯蔵施設」の確保が前提となります。しかしまだ整備されていないので，市町村の「仮置き場」や自宅の庭先などの「仮仮置き場」で保管されています。

　中間貯蔵施設は仮置き場などで保管されている土壌や側溝の汚泥，草木，落ち葉などだけでなく，可燃物は原則として焼却・減容化し，1kg あたり10万Bq を超える放射性セシウム濃度の焼却灰として貯蔵するとしています。福島県内の汚染土壌などの発生量は，約1600万〜2200万 m^3 と推計され，その内訳は8000Bq/kg 以下の土壌が46％，8000〜10万 Bq/kg の土壌などが47％であり，10万 Bq 超 /kg の土壌・焼却灰・廃棄物は7％です。

　中間貯蔵予定地は，①必要な敷地面積の確保，②土壌や廃棄物が大量に発生する地域からの近さ，③主要幹線道路へのアクセス，④断層，軟弱地盤などを避ける，⑤河川の流れの変更などの最小限化，などの観点から選定されています。2013年4月に現地調査が開始され，2015年2月には福島県，大熊町および双葉町が中間貯蔵施設への搬入受入れを容認し，保管場工事が始まりました。大熊町の保管場は約1万 m^3 の容量をもち，そこへの搬入実績は2015年9月2日現在7409袋（×約1 m^3）で，そこでの空間放射線量は1〜9 μSv/h 程度で，搬入前後で大きな変化はないとされています。

　中間貯蔵施設については，2011年10月に国が基本的な考え方を示しました。その主な内容は，①施設の確保および維持管理は国が行うこと，②仮置場の本格搬入開始から3年程度（2015年1月）を目途として施設の供用を開始するよう政府として最大限の努力を行うこと，③福島県内の土壌・廃棄物のみを貯蔵対象とすること，④中間貯蔵開始後30年以内に，福島県外で最終処分を完了すること，などです。しかし④の福島県外での最終処分場の立地場所は決まって

おらず，核廃棄物の最終処分地として固定化する懸念を払しょくできません。

■再生可能エネルギー等復興重点計画に内在する問題

　福島県は『福島県復興ビジョン』（2011年8月）で，①原子力に依存しない，安全・安心で持続的に発展可能な社会づくり，②ふくしまを愛し，心を寄せるすべての人々の力を結集した復興，③誇りあるふるさと再生の実現，の3つを掲げました（山川充夫2013『原災地復興の経済地理学』八朔社）。このビジョンを受け，県は「産業復興再生計画」（2013年5月）と「重点計画」（2013年4月）を福島復興再生特別措置法に基づいて作りました。重点計画は再生可能エネルギー関連産業，医薬品関連産業，ICT関連産業，環境創造センター，浜地域農業再生研究センター，グローバル展開など6つの事業を掲げています。

　再生可能エネルギー関連事業は，2040年頃を目途に，福島県のエネルギー需要の100％以上に相当する量のエネルギーを再生可能エネルギーで生み出す県をめざす『福島県再生可能エネルギー推進ビジョン（改訂版）』（2012年3月）を受けて推進されています。具体的には郡山市に設置された産業総合研究所「福島再生可能エネルギー研究開発拠点」で太陽光や風力等の研究や，いわき市太平洋沖でメガワット級の浮体式洋上風力発電実証研究などが行われています。

　医療関連事業については，将来的には医療福祉機器関連産業における一大拠点の実現を目指し，郡山市に医療機器開発・安全性評価センターを設置して安全性評価や機器操作研修等を実施することや，福島市にある福島県立医科大学にふくしま国際医療科学センターを設置して医薬品開発支援や県民健康管理などを行うとしています。

　ICT関連産業では会津若松市を拠点に最先端の情報通信技術研究を，南相馬市と三春町に環境創造センターが設置され，放射線モニタリング，調査研究，情報収集・発信，教育・研修・交流などを，浜通りに浜地域農業再生研究センターが設置され，環境放射能等のモニタリング，農地保全や安全・安心な食料供給のための研究等を，グローバル展開では海外先進地との地域間交流，セミナー等の共同事業を，それぞれ推進することになっています。

　これらの重点計画の問題は，その担い手のほとんどが東京に本社をもつ企業であり，福島県内の中小企業や地域産業とどのような経済連関効果をもつのかが明確でないことです。分工場としての産業集積は地域経済効果が弱いのです。

防災の課題

　大学に進学した掛川直之はフットサルの同好会に入り，学内のボランティアセンターに登録した。

　大災害が起きると大学はバスをチャーターして，ボランティアを希望する学生たちを被災地に送り込んでいる。センターにはボランティア経験の豊富な教職員が所属し，いざという時に備えて学生に被災地で活動する際の心構えを教えてきた。

　大学で公衆衛生について学んでいる直之は，大災害が起きるたびにボランティアバスで被災地に足を運んだ。避難所で足湯をしながらお年寄りの体調に気を配り，健康維持に役立つ企画を仲間と考えてきた。

　被災地にはボランティア団体や災害救援の NPO が各地からきており，さまざまな立場の人たちと出会った。直之は被災地から大学に戻ると，平常時から他団体と情報交換のできる仕組みづくりを学内のボランティアセンターに提案した。それぞれが得意とする分野を事前に知っておけば，もっと被災者のニーズにそった支援ができると考えたからだ。

　大学を拠点に活動している直之は母の和美に誘われ，地域の自主防災組織の訓練に参加するようになった。和美は復興計画の策定に住民としてかかわった経験から，地域での活動の重要性に気づいた。ふだん地域にいるのはお年寄りと子どもが多いため，訓練には直之の妹の舞と祖母の恵子を誘って参加してきた。

　訓練では小学校が避難所になったと想定して，地域の人たちが役割を分担して運営にあたった。和美たちは炊き出し係になり，祖母の恵子は自慢の料理の腕をふるった。

　住民による初期消火のため可搬式ポンプを使った訓練もあり，舞は学校のプールから水を引き込んで放水係を担当した。消防団に入っている従兄弟の伊藤篤彦に操作の仕方を教えてもらい，地域の誰よりも手際よく消火活動ができるようになった。

　　　　　○　　　　○

　大地震ではサプライチェーンが分断され，日本列島の至る所で混乱が長く続いた。原材料の調達から製造，発送，販売といった製品やサービスが消費者の手に届くまでのプロセスは複数の企業間でつながり，どこで途切れても市民の生活への影響は大きい。さらに，大地震ではガソリンの供給不足が混乱に拍車をかけた。

　直之の父の進一が勤める企業では，関連会社を含むグループ全体の BCP（事業継続計画）の見直しをすすめ，その責任者に進一が就いた。大地震の教訓を生かそうと，メーカーや流通業者，小売りなどの企業だけでなく，消費者団体も参加して被災の影響を抑え

るための取組みの重要性が指摘されていた。

　企業にとっては，災害時の帰宅困難者対策も必要になった。大地震ではあちこちで交通網が寸断され，帰宅できない人たちが駅周辺にあふれた。家族の無事が確認できれば，帰宅を急がずに勤め先にとどまることも選択肢になった。そうした従業員のために食料の備蓄も重要になり，進一の勤め先では非常食の試食会が催された。

　自治体は市中心部にある企業によびかけて，帰宅困難者を一時受け入れる態勢づくりに協力を求めた。大地震ではけが人の手当をするスペースが少なかったり，トイレが足りなかったりしたため，複数の企業が役割分担して救援所や仮設トイレの設置場所を提供することになった。

　進一は大地震の際に自宅まで歩いて帰り，革靴でかかとが擦れて傷んだ経験から，オフィスのロッカーに運動靴を置いている。同僚のなかには１週間分の着替えを常備している者もおり，個人レベルでも帰宅困難時の対策をとるようになってきた。

　　　　　　○　　　　　○

　直之たちの暮らす地域の自治体は大地震後，耐震化する住宅を対象に補助制度を設けた。しかし，耐震化にはまとまった資金が必要なため，高齢者だけの世帯にとってはなかなか補修に踏み切ることができず，耐震化率は頭打ちの状態が続いている。

　理科系にすすんだ舞は，建築家になるのが夢だ。大地震では住宅が倒壊して多くの人が犠牲になった。祖父母は命こそ助かったものの持ち家が全壊し，避難生活中に祖父が亡くなった。自分の手で地震に強い家をつくり，安価な耐震補強の方法も開発して，お年寄りが安心して暮らせるようにしたいと思っている。

　大地震では死因の８割が住宅の倒壊による圧死とされたことで，住宅の耐震化をめぐる施策はとられたが，火災の対策は遅れている。

　地震火災の特徴である同時多発火災は初期消火に手間取ると，燃え広がって手がつけられなくなってしまう。木造住宅の密集地の防火対策はまだ緒に就いたばかりで，古い街並みの不燃化率は低迷している。地震の揺れを感じて自動的にブレーカーが落ちて，電気の流れを遮断する感震ブレーカーの導入がようやく始まったばかりだ。

　　　　　　○　　　　　○

　大災害が起きると，その被災に対応するように新たな法律ができるが，災害をめぐる法制度はパッチワークのようにつぎはぎだらけで，被災者にとって使い勝手がよいとはいえない。ボランティアで被災地にいくたび，直之は法律や社会の仕組みを学ぶ機会が増えて，そう考えるようになった。

　大学には「災害復興制度研究所」があり，被災時の応急対応から復旧，復興までを見据えて被災者を中心にした法制度の再構築に取り組んでいる。直之は災害復興制度研究所の法制度研究会に参加し，新たな被災者支援の活動を始めた。　　　　　　　　　　（野呂雅之）

13

被災者

「あすはわが身」で取り組もう

市民主体の防災活動

帰宅困難者対策

廣井　悠

■帰宅困難者とは

　東日本大震災時，首都圏では515万人ともいわれる大量の帰宅困難者が発生しました。これほどの帰宅困難者が発生したのは世界で初めてであり，わが国の大都市ではこれ以降，帰宅困難者対策の必要性が強く叫ばれるようになりました。一般に大都市においては，周辺のベッドタウンなどから大量の人口が集中しており，またその移動は鉄道依存かつ朝夕に集中しています。このような場合，原因が地震であれ風水害であれ，大都市で日中にひとたび鉄道が停止すれば大量の帰宅困難者が発生することは避けられません。

　そもそも帰宅困難者とはどのような人をさす言葉なのでしょうか。この定義にはさまざまなものがありますが，最近では帰宅を諦める「帰宅断念者」と遠距離（所在地から自宅までの距離が10〜20km以上など）を徒歩で帰宅する「遠距離徒歩帰宅者」の両方をあわせて帰宅困難者とすることが多いようです。つまり本人が移動や帰宅に困難性を感じていなくても帰宅困難者として考えられてしまうわけです。ただし近距離であっても道路閉塞や津波・火災などによって帰ることのできない場合も十分にあるため，帰宅の判断は自治体の条例やルール，会社や周囲のアナウンスなどに従うべきでしょう。

■帰宅困難者対策の意義

　それではなぜ，帰宅困難者対策を行わなければならないのでしょうか。筆者らの社会調査からは，東日本大震災時に首都圏で帰宅が困難になってしまい，困ったこととして「携帯電話が通じなかった」「屋外に長時間いたため体が冷えた」「ひとりだったので不安だった」という理由があげられています。この回答をみる限りでは，帰宅困難者対策は非常時においてそこまで優先度の高いものとは判断できません。しかし東日本大震災時の首都圏と異なり，著しい直接被害が都市部において発生した場合は，帰宅困難者が引き起こす問題はより深刻なものになります。たとえば首都直下地震や南海トラフ巨大地震が発生した場合，東京・名古屋・大阪を代表とする都市部においては，多数の建物の倒

壊，消防力を上回る同時多発火災，道路の著しい直接被害，電気・ガス・水道の停止，電話や携帯電話およびインターネットの長期間途絶が想定されています。そのような状況下で帰宅困難者が一斉帰宅をしてしまうと，彼らが群集なだれや大規模火災・建物倒壊に巻き込まれる，交通渋滞によって消防車や救急車などが遅れ致命的な損害をもたらすなどさまざまな二次災害が起こります。もし津波被害が発生すると，この渋滞は避難行動を阻害するかもしれません。つまり，大都市を大災害が襲った場合，帰宅困難者の一斉帰宅に伴って発生する大混雑や大渋滞が人的被害を引き起こす可能性があります。帰宅困難者対策の意義はこのようなケースをできるだけ防ぐという点にあります。

■帰宅困難者対策の主方針

　それでは，帰宅困難者対策はどのように行えばよいのでしょうか。そもそも先に示したように，帰宅困難者の発生原因はひとえに大規模な公共交通システムに支えられた大都市の職住分布そのものにあります。つまりこの問題を抜本的に解決するためには，都市の構造そのものを見直さなければいけません。しかしながら，それはすぐには実現できません。したがって帰宅困難者対策の大方針は「帰宅困難者を発生させない」ではなく，「発生してしまった帰宅困難者をどう管理するか，どのように対応するか」といったものになります。

　先述のように，帰宅困難者対策の目的は「帰宅困難者の一斉帰宅が引き起こす大渋滞によって直接的・間接的にもたらされる人的被害の軽減」です。このため逆説的にはなりますが，帰宅困難者が人的被害を引き起こしてしまうケースを考え，その条件を潰していくような対策が優先順位の高い対策と考えることができ，この作業を行うことで，①一斉帰宅の抑制，②備蓄物資の準備，③安全な場所の準備（安全確認含む），④災害情報の共有がとりわけ重要であることがわかります。一般に帰宅困難者対策としてよく知られている歩きやすい靴の用意，徒歩帰宅の訓練など帰宅支援に関する取組みも必要でないわけではありませんが，まずは上記の４点が最も優先されます。このうち一斉帰宅の抑制は，帰宅困難者になってしまった皆さんの協力が必須となります。行政はこの「帰らない」対策を実現するため，最低限の滞留場所確保や災害情報共有などの環境整備を行うことしかできません。家族と連絡を取り合う手段を確認し，職場などでは備蓄を用意するなど，普段からいざというときに帰らないための

準備を行い，心構えをもっておくことが帰宅困難者対策としてなにより重要な
アクションとなるわけです。

■帰宅困難者対策の課題

　それでは現状で，帰宅困難者対策にはどのような課題があるのでしょうか。
さまざまな課題が残されてはいますが，帰宅困難者対策は防災対策として比較
的新しく，現在進行形ですすみつつあるものです。よって従来の防災対策とは
少し違う性格をもつものと理解しておいたほうがよいでしょう。

　たとえば，帰宅困難者対策は多様な主体のもとですすめる対策です。これま
での防災対策は都市基盤整備や避難場所の確保・耐震補強など，ともすれば行
政や個人が主な主役でした。しかし帰宅困難者対策は，とりわけ都心部などで
は「事業所」の役割が重要となります。この地域・社会のために事業所がどの
ように，あるいはどこまで防災対策を行うかといった視点は防災対策として新
しく，まだあるべき役割分担や責任の問題は明確なものとなってはいません。

　また帰宅困難現象は一般に大都市特有の問題ですが，帰宅困難者対策の方針
や優先順位，意義は「都市の規模・特徴」によって異なります。東京都心部の
ような大量の帰宅困難者に対応せざるを得ない「高密中心業務地区型」，沿岸
部の都市など避難行動と滞留行動の明確な差別化が必須な「津波リスク潜在都
市型」，徒歩帰宅者の通過交通量が多く，また男手がいないなかでどのように
災害対応するかを考えなければならない「郊外住宅地型」，外国人などの帰国
困難者が多い「観光地型」などさまざまな地域特性に応じた対策方針や優先順
位を立案する必要があります。

　現在のところ帰宅困難者問題は，東日本大震災の印象があまりにも強く，こ
のときの経験や教訓が唯一無二の教科書になってしまっている傾向がありま
す。しかしながら大規模災害が都市部を襲った場合，東日本大震災時の首都圏
とまったく違った災害になる可能性もありますし，大都市を襲う津波や市街地
大火なども考えなくてはいけません。この点は多くの人たちが認識を改めると
ともに，訓練や計画づくりの前提もさまざまな状況を踏まえて検討するべきで
す。もちろん一時滞在施設などに滞留するときは東日本大震災と同じレベルの
対応は望めないこともありますし，帰宅困難者が自分自身で施設運営を行う，
傷病者の搬送などに協力する，など地域貢献も必要となるでしょう。

⬤ 地区防災計画

山本 晋吾

■みんなでつくる地区防災計画

2014年の災害対策基本法の改正により，商店街や小学校区，マンションやビルなど市町村より小さい単位の防災計画を，その「地区居住者等」が策定して，市町村の地域防災計画に掲載するよう提案することができるようになりました。この住民等による市町村より小さい単位での防災計画を「地区防災計画」といいます。

阪神・淡路大震災や東日本大震災で公助の限界が明らかになり，住民自らの活動である「自助」や「共助」が重要であることがわかりました。ところが，一方で，これまで地域で防災活動を行っていた消防団や自主防災組織は，少子高齢化など地域社会の変化で，活動が頭打ちの状況にあります。

地域コミュニティにおける自助・共助による防災活動を強化するために，地域での防災活動の内容を，地域コミュニティといった身近な単位で，あらかじめ地区防災計画として定めておくことによって，円滑に防災活動が行われることを目指しています。地区防災計画は，住民参加による住民主体の防災計画です。公助の計画が地域防災計画であるとすれば，自助・共助の計画が地区防災計画ということになります。

■地区防災計画の効果

地区防災計画は，行政にとっても大いに意味をもちます。それぞれの地区における自助・共助の防災活動を，行政と住民とで，あらかじめ役割分担をして，互いに把握しておくことによって，自助・共助・公助が連携した災害対応が可能となります。

また，地域にとっても大きなメリットが生まれます。災害対策基本法により，地区防災計画は，市町村の地域防災計画への掲載を提案することができます。地区防災計画が地域防災計画に掲載されることにより，災害が発生したときに，行政との連携が保障されることになります。加えて，地区の防災活動に行政のお墨付きを得たことになり，信用，信頼を受けることができます。さら

に，防災活動が行政の災害救助業務の代行であると認められると，災害対応にかかった費用を行政に請求できる可能性も出てくるのです。

■地区防災計画の特徴

　地区防災計画は，地区の特性に応じた自由な計画です。地区防災計画は，都市部から農山漁村まで，あらゆる地区が対象であり，また，その単位も小さな集落単位から商店街，小学校区，住宅団地，マンションなどの単独のビル，地下街やオフィス街，工業団地などあらゆる単位で計画することができます。このため各地区の特性（自然特性・社会特性）や想定される災害等に応じた多様な形態で，内容も自由に決めることができます。

　また，地区防災計画は，地域が主導するボトムアップ型な計画です。住民が地域コミュニティのために作る，自発的な防災活動に関する計画を，市町村の地域防災計画に掲載するように提案することができる計画提案制度が定められています。つまり，住民の意向を行政に反映させるボトムアップ型の策定手法が採用されている計画なのです。

■地区防災計画の作成方法

　地区防災計画は，「わがまち」に災害が起きたときのための準備と災害時の行動計画を，住民自らが考えて作る計画です。内閣府は，専用のホームページ「みんなでつくる地区防災計画」と「地区防災計画ガイドライン」を公表しています。住民が地区防災計画を作成する際に活用できるように，制度の背景，計画の基本的な考え方，計画の内容，計画提案の手続，計画を実践するための訓練と改善方法，さらに参考となる先進的な取組事例などについて説明しています。

　しかし，こうしたガイドラインに縛られることはありません。先に説明したとおり，地区防災計画は，その対象範囲も集落単位から商店街，小学校区，マンション，オフィス街や工業団地などさまざまです。そのため，それぞれの地区の特性を生かして，色んな形態で作っても良いとされています。自由な書式で作ることができるのです。重要なのは，地域の理解が得られて，実行可能な計画であることで，形式にこだわる必要はありません。

■地区防災計画のポイント

　地区防災計画を作る際の最大の難関は，地域の理解を得ること，コンセンサ

スづくりです。ここで注意しなければならないのは，最初から手を広げずに，地域の最大のお悩みから議論をすすめることです。たとえば，丸の内と大手町の企業による「東京駅周辺隣組」は，自らの従業員の防災対策に加えて，東京駅の乗降客の帰宅困難対策をテーマに計画を作りました。

　次に，地区のコンセンサスづくりを最優先して，最初から決め込まないことです。決定した地区防災計画は，実際に訓練などで活動して，継続的に見直さなければなりません。活動しながら，どのようなやり方が最適なのかを，みんなで次第に決めていけば良いのです。

　このようなリスクコミュニケーションを円滑にすすめるポイントは，外部の専門家を引き入れることです。専門的なアドバイスを受けることができるほか，外部からの視点で，地域の内からは見えない，地域の欠点や弱点，地域がもっている長所を再発見することもあります。また，地区で最初に議論を行う際に，問題提起の仕方を工夫すると大変効果的です。問題提起のきっかけ作りに，クロスロードゲームや避難所運営ゲーム（HUG）など，取り組みやすい防災ワークショップを導入することで，打ち解けた，活発な議論が行われる雰囲気を作り出すことができます。

■防災のソーシャル・キャピタルの創造

　地区防災計画は，地区の，地区による，地区のための防災計画です。これまでの災害の経験から，地域コミュニティの力が大きければ大きいほど，地域の災害対応力を高め，災害に対する強靱さが増して，その後の復旧復興に大きな差が出ることが明らかになっています。地域の防災力と回復力に，多くの住民がかかわることによるソーシャル・キャピタル（社会関係資本）の効果が明らかに認められるのです。防災のソーシャル・キャピタルが地域の強靱化への鍵であるとすれば，地区防災計画は，防災のソーシャル・キャピタルの創造へ向けた，大変効果的なツールなのです。

◯ BCP の意義，作成方法

中野 明安

■東日本大震災における企業の対応状況

　2011年3月11日，東日本大震災が発生しました。被災地に活動拠点を有する企業は事業活動に多大な影響を受けました。東京商工リサーチの調査では，上場企業に限っても7割以上の企業が被災し，被害内容で最も多かったのは「建物損壊」(33.1%)で，さらには「ライフライン（生活物資補給路）の被害」(12.8%)，「生産ラインの被害」(12.1%)も多かったとのことです。

　そのような深刻な状況下でも，たとえば，宮城県名取市でリサイクル業を営む会社では，津波によりプラント建屋が破壊されたものの，地震発生直後の適切な避難指示と，あらかじめ定めておいたBCP（事業継続計画）に基づき1週間で事業を再開することができました。また，本社建物に被害があった宮城県の建設業者も，BCPに基づき，地震翌日から社員を動員して，復旧作業に向けた地域の被害調査等の社会的要請に着手，対応したとのことです。

■ BCPとは何か

　このBCP（事業継続計画）は，企業等が自然災害，大火災，テロ攻撃などのリスク（緊急事態）に遭遇して被害を受けても，重要業務を中断しないこと，中断しても可能な限り短い期間で再開して事業を継続するための計画をいいます（内閣府防災担当2009年11月「事業継続ガイドライン 第2版」）。

　企業等が自然災害，大火災などの重大リスク（緊急事態）に遭遇した場合，はイメージが難しいと思いますが，それを一言でいうと「経営環境の急激な変化に直面した」ということです。工場が失われる，従業員が出勤しない，電力がない，水道がない，原材料が調達できない，等々いずれも経営環境の急激な変化（悪化）に直面した場合でしょう。そのような場合でも企業の事業活動を止めないためには何を準備し対処したらよいか，という問題提起であれば，より理解されやすいかも知れません。

　図表1は，いわゆるBCPを説明する際の「復旧曲線」といわれる概念図です。企業活動が行われている際に，突如，リスクが発生し，事業活動に大きな

図表 1　事業継続計画（BCP）の必要な場合とその効果

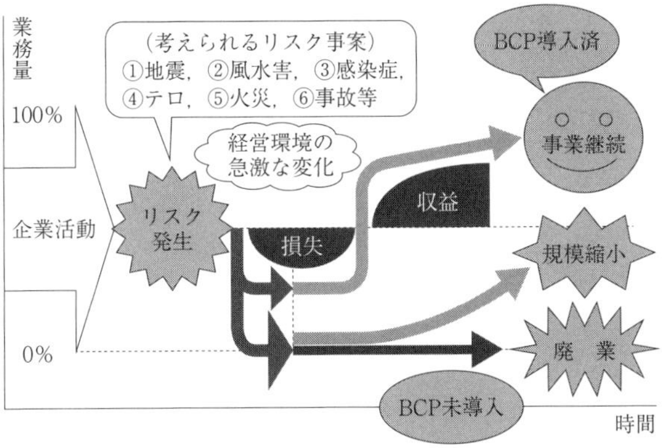

支障が生じることになり，廃業にも至る事態もありますが，BCP を策定し導入していれば，その支障も少なく，かつ，回復も早い，ということを説明するものです。

■現在の BCP 策定状況

　わが国は環太平洋の地震地帯に存在し，国土面積が全世界の0.25％にすぎないにもかかわらず，全世界の約10％の地震が，また，全世界の約10％の活火山が存在します。これに台風の通過位置となっていることを加えるだけでもわが国は世界的にも稀な自然災害大国といえるのです。したがって，わが国で活動している企業は BCP の策定は必須と思われるのですが，内閣府防災担当が2011年11月に BCP 策定状況について調査したところ（企業の事業継続の取組に関する実態調査），大企業では46％が「策定済み」であり，「策定中」を加えると72％になりましたが，一方，中堅企業（区分は中小企業基本法等における資本金，常用雇用者数による区分）では，「策定済み」が21％，「策定中」を加えても36％程度との結果でした。これは中堅企業より小規模の企業を対象としていないので，この傾向からすると，中小企業における BCP 策定は，まだまだ途上にあることが推察されます。

■BCP の作成方法

　BCP の作成方法については，中小企業庁や東京商工会議所などが BCP ステップアップガイドなどを配布して容易に計画の立案ができるよう支援ツールを用意していますので，ぜひそれらを参照していただきたいと思います。ここ

ではBCP作成の概略をご説明します。

(1) どのようなリスクを想定するかを特定します。災害対策というイメージが強いですが，事業の障害となる事象（電力喪失，従業員喪失など）を想定します。

(2) 当該リスクの影響の度合いを事前評価します。

　①業務不能状況がどの程度耐えうるのか検討します。概ね，会社の財務力，在庫量，取引先の理解の程度により推測することになります。

　②重要な業務の絞り込みをします。活用できる資源（人的・物的）に限度があることを踏まえて継続すべき重要業務の優先順位を選定します。

(3) 重要業務が受ける被害を想定します。

　たとえば，震災の場合を想定して，それぞれの部門のダメージを想定します。部門とは，本社／工場／支店・営業所／協力会社／顧客／通信手段／移動手段／輸送手段／燃料・原料調達／社員／社員の家族／業務データの保管などです。

(4) 復旧の阻害要因となる要素（ボトルネック）を抽出します。それぞれの企業に特有の阻害要因があります。それを確認することが非常に重要です。

(5) 上記の内容をまとめて「事業継続計画（第一版）」書面に記入します。

(6) 第一版ができることにより，初めて企業の問題点が明らかになります。この第一版を踏まえて，それぞれの企業の問題点を改善するべく議論し，BCP改定作業を行います。

■ BCPを作ろう！

　中央防災会議では，大規模地震に対する被害を軽減するため，今後10年間で事業継続計画を策定している企業の割合を大企業でほぼすべて，中堅企業において過半を目指す旨の目標を掲げています。また，2010年6月に閣議決定された「新成長戦略」実行計画（工程表）においても，2020年までの目標として，「大企業BCP策定率：ほぼ全て，中堅企業BCP策定率：50％」が位置づけられています。

　BCPの策定はわが国で事業活動を展開する企業には必須と考えられます。ぜひ，企業およびそれを支援する専門家の皆さんはそのもてる知識，能力，そしてこれまでの企業法務の経験を最大限活用して，BCP策定を行い，企業の社会的役割を果たすべく取組みを行うべきと思います。

● 防災教育

矢守 克也

■「自分の身は自分で守る」でよいか？

　「防災教育とは何のために行うのでしょうか」。あらためてこう問いかけてみたとき，「自分の身を自分で守ることができるようにするため」という答えが，多くの方から返ってきます。おなじみの「自助・共助・公助」という言葉を使って，「自助の姿勢と力を養うため」と表現なさる方もいらっしゃいます。

　しかし，あえて，この目標を，防災教育から，少なくとも，その出発点から外してみることの意義について考えてみましょう。防災教育について考えるとき，当然のように設定されるこの目標が，プロセス全体を支える基調として働くことについては，筆者も異論はありません。ただし，この目標を，防災教育の出発点に据えることについては，疑問の余地がないわけではありません。というのも，そうではないやり方もあるし，むしろそれが教育上の効果をあげている実例もたくさんあるからです。

　では，「自分の身は自分で守る」の代わりに何を目標としてもってくるのでしょうか。それは，「他人の身を守ること」です。もう少していねいに書きますと，とくに，自分にとって（一番）大切な人の身を守ったり助けたりすること，となります。なぜ，この目標を掲げることが有効だといえるのでしょうか。具体的な事例を通して考えていくことにしましょう。

■「津波てんでんこ」の真意

　「津波てんでんこ」という言葉があります。東北・三陸地方に昔から存在する言葉ですが，東日本大震災における津波避難の問題をうけて大きな注目を集めました。この言葉は，ふつう，「津波のときは，家族も恋人もない，みながてんでんばらばらに高地に迅速に避難すべし，それだけが身を守る方法だ」という意味に理解されています。この避難鉄則それ自体に間違いはありません。しかし，これを「自助」（自分で自分の身を守ること）のための原則だととらえると，この教えの肝心な部分をつかまえ損ねることになります。

　「津波てんでんこ」は，むしろ，他人の命，とくに自分にとって大切な人の

写真　小学生の手を引いて避難する中学生

出典：岩手県釜石市鵜住居地区住民撮影，片田研究室提供

命を守るための教え，いいかえれば，「共助」をも促進する教えだからです。まず，てんでんばらばらに避難する人が少数でも存在すれば，「おッ，これは，ほんとに危ないんだ」とそれにつられて避難を始める人がいることが重要です。たとえば，著名な「釜石の奇跡」もそうでした（犠牲者も多かったことから，この呼称を避ける場合もあります）。小学生の手を引いて「てんでんこ」に逃げる中学生たちの後を，近隣の大人たちが追っている様子を撮影した写真は，マスメディア等でも広く紹介されました。中学生は，自分の身を守りながら，他人，すなわち，小学生や近所の大人たちの命も守っていたわけです。

　また，「津波てんでんこ」で大事なのは，自分がそれをすることだけではありません。自分にとって一番大切な人もまた，同じようにしてくれること，またそうなるように準備することが肝心です。たとえば，「学校にいる子どもが自宅に戻ってくるかも」と思った途端，親は「てんでんこ」できなくなります。逆に，「親が学校に迎えにくるかも」と感じた途端，子どもは「てんでんこ」できなくなります。「津波てんでんこ」は，互いに大切だと思う人同士が「ペアないしセット」で実行して，はじめて完全な形で効果をあげるわけです。

　要するに，「津波てんでんこ」という教えにおいて，自分の身は自分で守ることと，他人，とくに，自分にとって一番大切な人の身を守ることとが重なりあっているのです。実際，釜石で津波避難の指導にあたってきた片田敏孝氏（群馬大学教授）は，子どもには「君たちがまず先頭切って逃げることが，他の人たちの命を助ける」と教え，同時に，保護者には「子どもたちは間違いなく逃げます。だからみなさんも必ずそうしてください。そうでないと，子どもたちが逃げることができません」と指導されていました。

もっとも，津波避難は，防災活動のなかでもきわめて高い緊急性を要する局面のひとつです。「津波てんでんこ」は，いわば，究極の教えであって，その裏側では，「自分の身を守ること」と「他人の身を守ること」とが重なりあわず，大きな悲劇も生まれていたことを忘れてはなりません。東日本大震災でも，消防団，民生委員といった方々が，その責務を果たそうとして，危険をかえりみず警報活動，救出活動にあたっていたために，多くの方が命を落としました。

■「助かる」こと＝「助ける」こと

　「津波てんでんこ」では，「自分の身を守ること」と「他人の身を守ること」とが，非常に緊迫した局面で交錯していました。しかし，これら２つを，もう少し余裕のある状況で上手に重ね合わせて，有効な防災教育を形づくっていくことも可能です。このことを，筆者は，「サバイバーとなる防災教育／サポーターとなる防災教育」の両立・併用という形で提起しました（矢守克也・諏訪清二・舩木伸江 2007『夢みる防災教育』晃洋書房）。前者は「助かる」ための教育で，ハザードについて知ること，危機回避のための判断力の養成などを含みます。他方，後者は「助ける」ための教育であり，避難所などで周りの人を助けること，被災地で復旧・復興活動を支援すること，避難が困難な人に対する支援に関する学習などを含みます。

　たとえば，東日本大震災では，阪神・淡路大震災（1995年）の被災地となった阪神・淡路地域の学校から，多くの学生が，東日本大震災の被災地へボランティアとして駆けつけ支援活動を行い，その一部は今も継続中です。こうした活動は，基本的には，他人を「助ける」ことです。しかし，同時に，被災者の生活を目の当たりにし，その言葉に耳を傾けていると，日頃から災害について備えることの大切さに気づいたり，自分たちと変わらない年頃の仲間の避難所での活躍に驚かされたりします。つまり，「助ける」ことが，そのまま，「助かる」ことや，別の形で「助ける」ことに関する学びにつながってきます。

　「助ける」こと（他人の身を守ること）に関する真摯な学びの機会は，その多くがそのまま，「助かる」こと（自分の身を守ること）の学びに直結します。「自分の身は自分で守ること」を，防災教育の出発点からあえて外す戦略も十分ありうると提起したのは，このためです。

14
行政

地域の声をどう生かすか

行政と地域でつくる防災計画

● 地域防災計画

山本 晋吾

■災害対応と地域防災計画

　災害が発生すると，行政の職員は，災害対応という特別の業務に就きます。この災害対応業務が書かれているものが地域防災計画です。地域防災計画には，だれが（who），なにを（what），いつ（when），どこで（where）やるのか書かれています。

　災害対応業務は，普段の業務とは異なります。だから，あらかじめ定められた計画がなければ，場当たり的な後手後手の対応に陥ってしまいます。地域防災計画があれば，被害が発生する前に被害を予測して先手先手の対応が可能になります。地域防災計画があれば，国，都道府県，市区町村，各種関係機関が役割分担を決めて，連携して行動することができます。地域防災計画があれば，訓練を行い，対応をチェックすることができます。

■防災計画での役割分担と連携

　地域防災計画には，国，都道府県，市区町村，電気・ガス・水道・電話・放送・交通などの各種公共機関の災害対応に関する役割分担が書いてあります。これを，地域防災計画の「防災関係機関の業務の大綱」といいます。これは，地域防災計画特有の項目です。災害対応は，災害の規模が大きくなればなるほど，多くの主体による連携が重要になります。

　こうした公的機関は，「公助」とよばれる防災活動を担っています。しかし，阪神・淡路大震災で，公助にも限界があることがわかりました。とくに，黄金の72時間とよばれる被災直後においては，住民自らの活動である「自助」や「共助」が重要であることがわかりました。東日本大震災においては，この自助や共助が生死を分けることになったのです。

　このため，災害対応の関係機関による「公助」についての計画であった地域防災計画が，多くの利害関係者（行政，住民，地域，企業，各種団体）による「自助・共助・公助」についての計画に変わってきています。地域防災計画に住民や地域の自主的活動団体，企業などの災害発生時の役割と連携について書

かれるようになりました。

　地域防災計画が,「自助・共助・公助」についての計画として機能するためには,「住民と地域の視点」で内容が書かれなければなりません。まず,住民の生命と財産を守るために,どうあるべきなのか。そして,住民の暮らしを,いつまでに,どう復旧復興させるのか。このような「住民と地域の視点」での目標を設定して,それを実現するために,多くの利害関係者が何をして,どう連携するのかといった内容を記載することになります。この「住民と地域の視点」での地域防災計画を一層すすめるために,2014年の災害対策基本法の改正により,「地区防災計画」の制度が設けられることになりました。

■防災計画の目的と目標

　地域防災計画の根本的な目的は,住民の生命と財産を守ることにあります。この目的を達成するためにさまざまな対策が立てられ,防災活動が実施されます。これら対策は,最初に説明しましたとおり,だれが(Who),なにを(What),いつ(When),どこで(Where)やるのかを地域防災計画に書くことにより,無計画で場当たり的な対応に陥ることを防いでいます。

　ここで注意しなければならないことは,地域防災計画が「組織」のための計画になってはならないということです。あくまで「住民」のための計画であり,「住民と地域の視点」を忘れてはならないということです。

　地域防災計画の下で展開されるさまざまな災害対策は,あらゆる主体,関係機関が参加して実施されます。それぞれの主体は,それぞれの指揮命令の下で動いています。これらを有機的に束ねて,地域防災計画に書かれている,災害対応の的確な実施と関係機関相互の密接な連携による一体的な対応を実現する必要があります。つまり,災害対応を行っている個々の職員,その職員を指揮命令する指揮者が,何のために災害対応を行っているのか,共通の目的を示すことが重要となるのです。

　たとえば,大きな地震が発生して,避難所に被災者があふれている状況のなかで,物資調達の担当者から,おにぎり1万個,医薬品各種,仮設トイレ500基,毛布3000枚,遺体収容袋1000袋が役所に届いていると報告がありました。それぞれ物資を調達した担当者は,自分が担当した物資こそきわめて重要であるので,早急に避難所となっている各小学校に配送すべきと主張します。しか

し，役所で用意できた配送用の車両は軽トラック2台しかありません。とても，一度に全部を配送することは不可能です。ここで，何を優先して運ぶべきなのか，どうするのが最善なのかを判断して，関係者を調整しなければなりません。

　行政の担当者は，往々にして，自分の担当した範囲の仕事を終了させることで一杯一杯です。ここで，改めて「住民と地域の視点」で全体を見渡す必要があるのです。とりあえず，救急救命が一段落して，被災者を避難所に収容した段階で，この被災者と避難所が，今後どうなるのか？　そして，どうあるべきなのか？　といった将来の予測と目標を定めることにより，何のために，いま，災害対応を行っているのか，何を優先させるべきなのか，直ちに何をやらなければならないのかが，おのずから明らかになってくるのです。

　先の例でいえば，まずは食糧支援ということで，おにぎり1万個を配るのが良いのでしょうか？　避難所には何人の被災者がいるのでしょうか？　電気や水道，ガスなどのライフラインが途絶したなかでは，食糧支援が必要な被災者は，避難所の被災者だけではありません。1万個で足りるのでしょうか？

　ここに「被災者の二次被害を出さない，災害関連死を出さない」という共通目標を設定します。この目標の下で対応を考えると，被災者への医療と衛生環境の改善を最優先すべきという方針が明らかになります。食糧はとりあえず自助・共助の備蓄でしのいでもらって，医薬品の配送，さらにはこれを取り扱うための救護所の開設，医師と看護師，薬剤師の派遣要請といった対策を直ちに行う必要があります。次に衛生環境を改善させるためには，飲料水だけでなく生活用水の供給を確保しなければなりません。加えて，衛生の観点から仮設トイレの整備もありますし，ご遺体を衛生的に安置するための遺体収容袋の配布といった対策が取られることになります。

　このように，共通目標により災害対応全体をコントロールすることが，ドラッカーのいう Management by Objectives であり，目標管理型の災害対応というものです。この目標を決めるときに重要となるのが，「住民と地域の視点」で被災地を俯瞰することなのです。

◉ 財　政

豊田 利久

■災害対策と財政

　災害対策は，段階別に「予防・減災」，「応急対応」，「復旧・復興」などに分類されますが，その各段階で自治体や国が行う事業には資金が必要です。その資金をどのように調達し，どのように配分するかを考えるのが，災害対策における財政の問題です。

　「災害対策基本法」では，災害対策を行う主体は被災自治体であるものの，地方財政が大きな影響を受けないように，ほかの法律に基づいて国が財政支援するとしています。具体的には，「災害救助法」，「公共土木施設復旧事業費国庫負担法」等の法律に具体的な国の負担の割合が決められています。公共施設の復旧事業は，一般に道路，港湾，河川等の復旧を対象にしており，国が自治体に事業費の一定割合を補助金や交付税措置によって支援します。さらに，甚大な被害を引き起こした災害について激甚災害指定がなされると，通常の災害復旧事業を上回る財政措置がなされます。たとえば，補助金は最大で事業費の10分の9，交付税措置は最大で95％が国から支援されます。しかし，激甚災害といえども，復旧の対象になるのは非常に限られた公共施設だけです。

　大規模災害においては，このような通常の財政措置だけでは，復興はおろか，復旧もすすみません。阪神・淡路大震災では，特別立法措置により，通常の激甚災害指定では対象とされない高速道路などの産業インフラ，公立学校や福祉施設などにも財政措置がなされました。とはいえ，国の支援はこのような公的施設に限られ，しかも100％ではありませんでした。また，被災自治体は公的賃貸住宅の供給に多額の資金が必要でした。10年間にわたる復旧・復興事業費は16.3兆円で，国の財政支援は5.2兆円，残りは被災自治体等が負担しました。兵庫県や各自治体は地方債の起債（国からの借金）でこれらの費用を賄い，その返済のために自治体の財政は厳しい緊縮を強いられました。

　東日本大震災では，特別立法措置により，さらに踏み込んだ国の財政措置がとられました。とくに，震災復興特別交付税を創設し，復旧・復興事業の自治

体負担分を全額補助し，原則として自治体は災害対策のために借金をしなくてもよいことになりました。また，国の予算で取崩し型の復興基金を設立し，公的施設以外の支援策を国が提供したことも注目されます。国が支出する復旧・復興予算は2015年度までの5年間で26.3兆円，2016年度からの5年間で6.5兆円が見積もられています。

過去20年間の地方分権改革の影響で，各自治体の財政力は非常に弱くなっています。したがって，東日本大震災でとられた災害対策の財政措置，すなわち被災自治体の負担をなるべく減らす方式を制度化すべきです。補助金や特別交付税を交付するときの制限を大幅に緩和して，国が原則として財源を全額保障し，その運用をなるべく被災自治体に委ねるべきです。被災地が災害に強いまちとして再生するには，地域特性に根ざしたまちづくりをすべきで，その主体となるのは被災地の自治体，コミュニティ，住民です。東日本大震災では確かに自治体の財政負担はほとんどなかったものの，さまざまな規制のために十分に目的が達成されなかったり，事業が大幅に遅れたりしました。さらに，裁量的に使える予定だった復興基金に関しては，各県（岩手，宮城，福島）が財団方式ではなく直営方式で設置したために，基礎自治体もすべて直営方式にしました。これでは，事業内容が通常の行政のなかに組み込まれて，復興基金が本来予定された「弾力的かつきめ細かな対処」ができにくくなります。

■財政支援の特徴

わが国の災害対策における財政支援の特徴は，次のようにまとめられます。

第1に，諸外国に比べて，避難期における支援のメニューはかなり充実しており，財政による対応もすすんでいます。しかし，災害救助法に盛られたメニューでも国がその運用を抑制しているものもあります。たとえば，住宅応急修理や生業必要資金の給与等です。また，災害救助法は短期の応急対応を対象にしており，中長期的な復興へのつながりが断たれています。たとえば，経費のかかる仮設住宅の建築数を減らして，早い段階から恒久住宅への居住をすすめるというような柔軟な対策はとられていません。

第2に，自治体が行う公的施設の復旧に関する事業に関しては，国による手厚い財政措置がとられます。さまざまな法律で公共施設への財政支援が決められているうえに，激甚災害指定の対象になるのはハードな公共施設に限定され

ています。自治体は予算措置のある事業から実施します。法律がそのように
なっているから，自治体の災害対策はハード中心の復旧・復興になるのです。

　第3に，被災者の住宅再建，生活再建，被災地の福祉・保健医療等のソフト
面にかんする国の財政支援は手薄です。阪神・淡路大震災の経験から，「被災
者生活再建支援法」が制定されたことは，国の財政措置としては画期的な制度
上のできごとでした。東日本大震災では，取崩し型復興基金，二重ローン対策
等，さまざまなソフト面の対策がとられました。被災者の生活再建や被災地経
済の復興にも国の財政支援がなされるようになったことは事実ですが，公共施
設の復旧等のハード面に対する予算規模に比べるとその比重は小さいものです。

■財源の確保

　巨額な累積債務，少子高齢化に伴う社会保障費の増大という財政の課題があ
るなかで，災害対策のあり方とその財源を長期的視点で考えることが重要です。

　上で見たように，わが国では大災害後に公的施設の復旧に投資資金を投入で
きる仕組みが出来上がっています。今後は，不要不急のインフラは抑制し，少
子高齢化時代にふさわしい，スマートでコンパクトな公的施設やまちづくりに
復興の指針をおくべきです。このような不要な施設の予算を減らし，住宅，生
活，地域経済の再建に関する予算を増やすべきです。

　財政に余裕がないなかで災害対策の財源を確保することは容易ではありませ
んが，次のような財源が考えられます。①既定経費の減額，特別会計の取崩
し，準備費や決算余剰金の活用，他の予算項目の組換え。②国有資産（土地，
建物，民営化企業の株式等）の売却。③復興債発行と臨時増税。④国債発行と日
銀引受。⑤世界銀行やアジア開発銀行等からの借入れ。

　東日本大震災の復興財源を捻出するために，上の①から③までの財源措置が
とられました。④は財政法第5条で原則として禁止されていますが，国会決議
があれば可能です。⑤は東日本大震災をはるかに超えるような大災害で国全体
として途上国に一変するような事態になれば，最後の財源として考えられます。

　大災害が起きるたびに財源を決めるやり方には限界があります。事前に，①
臨時復興目的税の制度を法令化しておく，②被災者再建支援法を拡充するため
に国と都道府県が基金の大幅な積増しを行なう，ことも必要です。

15
支援者

これからの大災害に備えて

地域コミュニティの役割

◯ NPO・NGO の役割と課題

松田 曜子

■日本の NPO・NGO

　NPO（非営利組織）や NGO（非政府組織）は、今やさまざまな分野で地域社会を支える存在になっています。両方とも日本語としては新しく、厳密な定義づけがされていませんが、NPO は「営利企業ではない」という性質に着目した言葉、NGO は「政府組織ではない」という面を強調した言葉です。NPO は1998年の特定非営利活動推進法制定以後に普及し、この法律のもと認証を受けた特定非営利活動法人のことを NPO（法人）とよぶことが一般的です。NGO は NPO が定着する前から国際支援団体などの間で使われてきました。いずれの組織も「民間で運営され、営利ではない活動を行う」という点では同じです。

　民間非営利組織の形は NPO や NGO だけではありません。米国の非営利組織マネジメント研究の大家ピーター・ドラッカーは著書の最初に「非営利組織の原型は日本の寺だ」という趣旨のことを書いていますが、広く住民のよりどころとなる存在と考えれば寺も一種の NPO ですし、われわれの暮らしの改善をはかる団体という意味では、各種の市民活動団体も NPO に含まれます。

　さらに2008年以降は、公益法人制度改革によって一般社団法人などの設立手続も以前より簡単になりました。非営利活動を行う法人設立のハードルは下がり、また選択肢も増えてきています。

■近年の災害と NPO

　議員立法の形で日本に NPO 法（特定非営利活動推進法）が制定されたのは、阪神・淡路大震災から 3 年後の1998年でした。そのため、施行直後に認証された NPO 法人のなかにはボランティア元年とよばれた阪神・淡路大震災で支援活動に入った人たちを母体とする団体も多くあります。NPO 法人の認証数はその後増加の一途をたどり、2015年 6 月現在で 5 万を超えるまでになりました。

　2004年の新潟県中越地震は、阪神・淡路大震災とは対照的に過疎化や高齢化が進行した中山間地域で起きた災害でした。中越の被災地では、ボランティアが被災者支援にかかわるうち、その地域や人の魅力に触れ、集落再建や農業を

通じた交流を続ける事例がいくつも生まれました。こうしたボランティア出身の若者は中越地域のNPOを担い，その後，若い人材を中山間地域に派遣する地域復興支援員や地域おこし協力隊の制度へと発展していきました。

　それから7年後の東日本大震災では，政府が示した復興の基本方針にも「NPOの力を活用」と書かれ，NPOは復興の担い手として政策的にも明確に位置づけられることになりました。

　中越地震と同様，外部支援者が復興にかかわる地域もありましたが，より特徴的だったのは，とくに仙台や石巻などの都市部において，災害以前からまちづくりや子育て，環境などの活動を行っていた地元のNPOが被災地支援を経て，仮設住宅での送迎，地域の復興計画づくり，訪問者との交流などを担うようになった点です。このように，地元のNPOが地元の復興を支える存在になったことは，地域社会にNPOが根付いてきたことの現れといえるでしょう。

■ NPOを育てる文化

　しかしながら，日本でのNPOの社会的地位はまだ未熟な面もあります。同じく東日本大震災では，緊急雇用創出事業を受託したNPOが経費を不適切に流用し，事業が打ち切りになる事件も起こりました。このNPOの責任は当然追及されるべきですが，NPOに対する委託の意味を自治体や市民がきちんと理解し，厳しい監視ができていればこのような事態は防げたかもしれません。第三者機関によるNPOの評価や，地方部でのNPOの発展などで，NPOが社会的信頼を向上させる余地は大いに残っています。

　市民や企業にとっては，寄付もNPOを支え，育てる重要な手段です。2012年に日本ファンドレイジング協会が個人寄付者を対象に行った調査では，東日本大震災の金銭寄付のうち，日本赤十字等を通じ被災者に直接支払われる「義援金」は61.6％，NPOの活動を支える「支援金」はわずか9.4％でした（日本ファンドレイジング協会『寄付白書2012』）。そもそも，NPOの活動に「支援金」が必要であるという認知度も高くありませんでした。

　2012年には寄付が税控除の対象となる認定NPO制度が改正され，認定が取りやすくなりました。しかしこの制度の認知度も低く，同じく寄付による税控除の仕組みである「ふるさと納税」の件数が「返礼品」という誘因も手伝って12万件超（2012年）まで伸びているのとは対照的です。災害時にも通常時に

も，寄付によって趣旨に賛同するNPOの活動を応援するという文化が定着しなければ，NPOの健全な成長は望めません。

■ NPO同士の横串

　災害に強いまちづくりのために，NPOが果たせる役割は何でしょうか。今日における防災の課題は「災害に詳しい専門家」だけで解決できるものは何もありません。たとえば災害時要援護者の問題は福祉関係者と，土砂崩れの被害軽減の活動であれば森づくりの専門家と組むことが不可欠になります。

　実際，防災の課題に防災の専門家だけで取り組むやり方には壁が見えています。内閣府は2006年から「災害被害を軽減させる国民運動」を展開していますが，家具の転倒防止実施率も，家屋の耐震化率も一定の割合以上には伸びません。耐震診断を無料にしても，耐震補強の補助金を増やしても頭打ちです。こうした傾向は他の課題でも同じで，「健康」分野でもNPOや自治体がきめ細やかに啓発を行っても，多量飲酒者やメタボリックシンドローム該当者の減少には至っていないことがわかっています。

　NPOや専門家はこうしたとき自らの専門を超えた「原因の原因」に思いを馳せる必要があります。家具止めの実施率が伸びないのも，多量飲酒者が減らないのも，「地震より日々の生活が苦しい」，「仕事のストレスで飲まずにいられない」などより根深いところに理由があるかもしれません。そうすると，個々のNPOが異なる得意分野をもつ団体と手をつなぐ必然性はますます高まります。

　社会がさまざまな課題にさらされる時代にあって「災害に強い社会」は究極の目標ではなく，その先の「暮らしやすい社会」を見据えた通過点にすぎません。防災・減災にかかわる団体は，地域にあるさまざまな分野のNPO，介護，子育て，困窮者支援，環境，国際協力，まちづくり，などを得意とする人びとと，ともに動きながら地域の課題に向き合うことが求められていくでしょう。NPOだけではなく，地元企業，教育機関などとの連携も必要です。

　その実現のためには，いわゆる中間支援組織とよばれる組織が，NPOどうしの顔合わせに積極的に介入する，各地域で団体同士の蝶つがい役を果たせるキーパーソンを活用するなどの努力が求められるでしょう。

⬤ 中間支援組織

栗田 暢之

■中間支援組織とは

「中間支援組織とは，市民，NPO，企業，行政等の間にたって様々な活動を支援する組織であり，市民等の主体で設立された，NPO等へのコンサルテーションや情報提供などの支援や資源の仲介，政策提言等を行う組織を言う。中間支援組織自らがNPO等である場合もある。」（内閣府「新しい公共支援事業の実施に関するガイドライン」より）とあります。つまり，たとえば，行政と地域，企業とNPOなどの異なるセクター，あるいはNPO同士等の間に入り，互いに必要な情報の提供や仲介，ときには互いの言語の違いを翻訳するといった，文字通り「中間」の「支援」を専門的に推進する「組織」です。

■災害時にも重要な役割を担う中間支援組織

1995年，阪神・淡路大震災で，全国から137万人ものボランティアが駆け付けたことから，その年は「ボランティア元年」とよばれるようになりました。震災で修羅場と化した被災地に自ら出向き，傷ついた人びとに惜しみなく支援を行うボランティアが，どれだけ多くの人びとを元気付け，勇気付けたかは計り知れません。しかし一方で，被災地に行っては見たものの，自分だけではなかなか活動の場が見つけられず，そのまま帰ったという人も少なくありませんでした。当時は，ボランティアと被災者をつなぐ中間支援組織の必要性があまり認識されていなかったことや，それを誰が担うのかの議論がすすんでいなかったこともその理由になっています。

周知のとおり，阪神・淡路大震災以降も毎年のように全国各地で地震・水害・噴火等の自然災害は相次いでいます。そして今や災害現場にボランティアがいない被災地はないといっていいほど，災害時のボランティア活動の必要性が定着しています。それを支えているもののひとつが，被災地となった市町村ごとに設置される「災害ボランティアセンター」で，この機能がボランティアと被災者をつなぐ中間支援組織となっています。つまり，多くのボランティアが初めて訪れる土地であっても，道に迷うことなく，ボランティア活動の場が

紹介されるという点が安心して被災地に足を運ばせているということです。その担い手は主に社会福祉協議会が主体となっていて，それに被災地内外のボランティア団体や NPO・NGO，企業，生協，その他各種団体が協力するという形が定着してきています。ただし，災害ボランティアセンターという手段が目的化してしまっているのではないかとの課題もあります。本来ボランティアは自由な活動であり，さらにボランティアならではの積極性や，行政では対応できない創意工夫が特長だとすれば，災害ボランティアセンターの機能が組織化されればされるほど，「もっぱら泥出し」といった単一的な活動に固定化・管理化されるという弊害も生じています。つまり，中間支援組織も，他者との仲介という役割だけでなく，ボランティアや NPO の本質に即した柔軟な対応が求められているといえます。

　一方で，災害時には別の機能をもった中間支援の役割も必要となります。それは，被災した市町村が複数であったり，さらに広域であった場合に，市町村間や都道府県間，全国域で互いの情報を行き来させたり，支援の過不足を調整したりする機能が必要となります。災害時には，どうしても災害現場への直接的な支援が注目されがちですが，ある特定の地域だけが支援の恩恵を受けることを誰しもよしとは思わないはずです。過去の災害でも，現実的にはマスコミによく登場したり，支援要請の声が大きかったり，ボランティアがたまたま入った地域だけに支援が集中するケースが少なくありません。やはり，被災地全体を俯瞰して調整する何かしらの中間支援組織は必要といえます。しかし，このような縁の下の力持ち的な活動には，その必要性の理解はもとより，運営に必要な人材や資金もなかなか集まらないといった課題を抱えているというのがいまの日本社会の実状でもあります。

　災害現場では，救援の主体が行政であっても民間であっても，その基本は，まずは目の前の被災者に迅速かつ適切に支援の手を差し伸べつつ，全体としては支援の抜け・漏れ・落ち・ムラをなくしていくという共通のベクトルがあるはずです。その実践のためにも，ボランティア団体や NPO・NGO をつなぐ機能や多様なセクター間をつなぐ機能，そして全体を俯瞰して調整する機能をもつ各中間支援組織の役割は大きいといえます。

■東日本大震災における中間支援組織の事例

東日本大震災時にも，さまざまな中間支援組織がその役割を担いました。たとえば，全国域では既存のNPO等が被災者支援を実施するボランティア団体・NPO，企業等に参画をよびかけ，東日本大震災支援全国ネットワーク（JCN）が設立されました。ピーク時には約900団体が賛同し，互いの情報を交換し合いながら支援の過不足の調整を行い，現在もいまだ復興途上にある被災３県の課題および広域避難者に対する諸課題の解決をめざして，定期的に現地会議や広域避難者支援ミーティング等を開催するなどの支援を続けています。また政府・関係省庁との意見交換会，現在では復興庁との定期協議会を主催し，官と民を仲介する場の提供にも努めています。他方では，認定特定非営利活動法人日本NPOセンターや1パーセントクラブと協働し，被災地で奮闘しているNPOと企業とをつなぐ研修会やツアーなども開催しました。

　また，国際協力のNGOらで構成する認定特定非営利活動法人ジャパン・プラットフォーム（JPF）は，加盟NGO間の情報の共有に努めるほか，海外からのNGOの調整，さらには主に経団連加盟企業からの支援金をもとに，「共に生きる」ファンドを設立し，現地のボランティア団体やNPOの活動に大きく役立つ資金助成をされています。

　一方，被災３県においても，各県内のボランティア団体，NPO等や地域ごとのネットワーク組織に対する中間支援組織として，いわて・みやぎ・ふくしまの各連携復興センターが設立され，地元を支え続けています。

■今後の課題

　東日本大震災のような広域災害においては，前出の各団体の他にも，既存・新規問わず，さまざまな中間支援組織の機能が求められ，それぞれ一定の役割を果たしてます。しかし，中間支援組織同士をつなぐ中間支援組織については，JCNのようにその時に急いで作ったのでは，その周知や機能面で十分な役割が果たせなかった課題も残りました。また既存のネットワーク組織を超えたネットワーク同士の連携が必要だったということは，東日本大震災でいまだに誰もその全体像を把握していないことからも明らかです。首都直下型地震や南海トラフ巨大地震，またゲリラ豪雨の多発や台風の大型化に伴う同時多発の水災害など，災害大国日本において今後警戒される広域災害に向けて，さらなる中間支援組織の充実に向けた協議が必要になっています。

◉ 自主防災組織の運営

室﨑 益輝

■自主防災組織とは

互助や協同の精神に基づき，「自らの地域を自らで守る」ことを目的に，地域に根差して自主的に結成された組織を，一般に「自主防災組織」とよびます。町内会や自治会の防災部や防犯部，町内会と密接な関係をもつ自主防災会，防災や防犯に取り組む地域 NPO，防災に取り組むマンションの管理組合，地域の女性防火クラブなどが，これに該当します。法律では，災害対策基本法の第5条に「住民の隣保協同の精神に基づく自発的な防災組織」と定義されています。

この自主防災組織の特質は，相互扶助性，隣保協同性，地域密着性，即地即応性，自律自衛性，任意自発性といったキーワードで，説明されます。「困ったときの善意の助け合い」ということで，義務でも責任でもありません。しかし，大規模な災害が発生した時には，この互助の仕組みとしての自主防災組織が機能しないと，その構成員の命や暮らしを守ることはできません。

■自主防災組織の必要性

阪神・淡路大震災で家屋に閉じ込められた人の命を，手を差し伸べて救ったのはコミュニティでした。東日本大震災で逃げようとしない人の命を，声掛けあって救ったのはコミュニティでした。こうしたコミュニティ活動は，地域防災活動と自主防災組織の大切さを，私たちに教えてくれています。

自主防災組織は，自助や公助でできないことを共助や互助で補うためのものです。個人や行政ではできないこと，地域でしかできない取組みが，自主防災組織に期待されています。身近にいるものが救いの手を差しだす，お互いに励ましあって支えあう，減災の知恵や文化を共有しあう，身の回りの危険を監視し摘み取るといった，即応機能，互助機能，監視機能さらに共育機能を発揮できるのは，自主防災組織をおいて他にはありません。

■自主防災組織の役割

公的防災組織と同様，自主防災組織においても事前，応急，事後のそれぞれ

の段階で，防災や減災の取組みをしなければなりません。

　応急の段階では，公的な支援がすぐには届かないなかで，地域密着の組織として，即地即応的で相互扶助的な対応をとらなければなりません。人命を守るということで，安否確認，救命救護，避難保護などの活動を，苦しみを和らげるということで，治療看護，生活支援，物資供給などの活動を行う必要があります。災害や救援の状況を知るということで，情報収集や情報伝達に努める必要もあります。

　次に，事後の復旧や復興では，合意形成やまちづくりに積極的にかかわることが期待されます。「復興まちづくり協議会」や「仮設住宅自治会」といった形でかかわることが多いのですが，コミュニティの守り手としての役割を果たさなければなりません。仮設住宅や復興住宅の運営や見守りのほか，次に備えての災害体験の伝承などにも，自主防災組織として取り組むことが期待されます。

　さて，応急の対応や事後の復興を効果的にすすめるためには，事前の備えや構えが不可欠です。用意周到あるいは事前減災という言葉があるように，事前に，災害対応の態勢を整備し，災害対応の資源の確保をはかり，災害対応の能力の醸成をはかっておかねばなりません。この事前の備えには，ハードウエア，ソフトウエア，ヒューマンウエアの3つがあります。ハードウエアでは，ブロック塀を生垣にかえる，防災井戸や防犯灯の整備をはかるといった，身近な環境の改善が求められます。家具の転倒防止や住宅の耐震補強を励ましあってはかるといった，建物の補強が求められます。それに加えて，自家発電機，衛星携帯，炊き出し鍋，電動ジャッキといった，小さなハードウエアを準備しておくことも求められます。

　ソフトウエアでは，災害時の防災計画や対応マニュアルを作成するとともに，非常時の対応力を訓練等で練達をはかること，街歩きやハザードマップ作りでリスクを把握することが求められます。ヒューマンウエアでは，構成員の防災意識や危険認識の向上，減災につながる生活文化の定着が求められます。ここでは，みんなでまち歩きをして地域の危険性を確認し，ハザードマップを作るといった取組みが，重要な役割を果たします。

■自主防災組織の運営

　最後に，自主防災組織が期待される役割を果たすための，組織の体制や運営

のあり方について，触れておきたいと思います。

　自主防災組織は，「みんなでみんなを守る」ためのものです。それだけに地域のみんなが参加するものでなければなりません。そこで，自主防災組織の立ち上げでは，コミュニティを代表する地域の自治会や団地の管理組合，さらには地域の青年団や地域振興会など，地域の主要な組織や団体と緊密な関係をもつようにするのが原則です。自治会の中に防災部という形でつくる，自治会と密接に連携した形でつくる，地域のみんなに参加を促してつくるのです。ここでは，自主防災組織への構成員の活動参加率を意識して，その向上に努めることが必要です。

　みんなが役割を果たすためには，できるだけ小さな単位で班を構成する，一人ひとりに具体的な役割を与える，行事や訓練にみんなが参加できるようにする，そのための緩やかなルールを規則で定めることが欠かせません。なお，この自主防災組織の作り方や取組みについては，消防庁が発行している「自主防災組織の手引き」が参考になります。

　自主防災組織の運営では，時間の足し算，手段の足し算，人間の足し算が求められます。時間の足し算では，持続的に取り組むこと，事前の防備に心がけることが大切です。日常的でないものは非常時に役立たないからです。手段の足し算では，緊急治療的な対策だけでなく公衆衛生的な対策や予防医学的な対策にも力を入れる，ハードウエアの対策だけでなくソフトウエアやヒューマンウエアの対策にも力を入れることが，大切です。公衆衛生的対策ではコミュニティの育成に努めること，ヒューマンウエア的対策では地域防災教育の強化をはかることが，とりわけ重要です。

　人間の足し算では，コミュニティのすべての構成員がその得意技をもち寄るかたちで連携すること，地域に居住する民生委員，社会福祉士，建築士，看護師，弁護士などさまざまな人びとが連携することが，欠かせません。行政や企業，NPO などの中間組織，さらには小学校などと連携することも必要です。世代を超えた連携を追求することも忘れてなりません。

　なお，防災には専門的な知識や高度な技術が必要です。消防団員や防災士などの支援を受けて訓練を実施する，外部からアドバイザーを招いてハザードマップなどを作成するといった，取組みも必要です。

教訓に向き合っているか

研究者の視座の転換

◉ 災害文化

■文化とは

　災害文化を理解するために，はじめに「文化」を簡単に定義しておきます。文化とは，一定の地域社会に持続性をもって共有された価値，知識，行動様式およびそれらから生み出された技術や「もの」，さらには人間関係や組織のあり方までを含みます。これは広義の文化の定義で，政治や経済と並置して「文化・芸術」というように，人間活動の一分野として，より狭く定義することもあります。しかし，人間生活のあらゆる面に影響を与える災害との関係では，文化を広義に捉えるべきでしょう。

　文化は，自然災害や戦争などによって破壊されたり，消滅してしまうこともあります。なぜなら，これらを受け継いで実践するのは，その土地に暮らす人びとであるからです。人が被災すれば文化も被災します。その一方で，文化が防災・減災に役立ち，さらには災害から人びとの暮らしを立て直すのに大きな役割を果たすこともあります。それが災害文化です。

■災害にかかわる文化

　災害の多発地域には，災害発生の兆候から発災時の対処の仕方などに関してその土地ならではの知識や技術が発達しており，田中二郎はそうした人間の災害に関する知識の習得，蓄積，伝承，活用に関する有形・無形の文化を「災害文化」とよんでいます。建造物の耐震・耐火構造や洪水調節ダムなどの技術的な側面と，災害伝承やそれに基づいた災害観，防災知識，防災組織活動，避難行動なども含まれます（田中二郎 1986「災害と人間」田中二郎・田中重好・林春男『災害と人間行動』東海大学出版会 2 ～ 23頁）。

　特定地域で発生頻度が高い災害に対しては，人びとが繰り返される災害経験を通じて対応策を考え出し，それが長い年月のなかで共有され，受け継がれてきた知識となります。学校などの教育の場で学ばれるものではなく，生活の知恵として，家族内や地域コミュニティのなかで継承されてきたものです。それらは地域文化の一部であり，フォーマルな教育やトレーニングなどによって導

入・形成される知識と対比して，英語では indigenous knowledge, traditional knowledge あるいは local knowledge などとよばれる「在来知」を構成するものです。こうした災害にかかわる「在来知」を調査し，それらを地域の防災計画や対策に生かそうという試みは，開発途上国では，防災インフラへの公共投資が難しいという理由だけでなく，当該地域の人びとの生活により適した防災教育を普及し，防災技術を浸透させるものとして注目され，世界各地で実施されています。さらには，日本のような「防災先進国」でも，その地域に適した防災・減災を行うための基盤として重視されてきています。

■防災文化

　ある自然環境のもと，繰り返される同種の災害経験に基づいて共有・継承・発展してきた災害文化は，過去の災害経験の伝承や災害観などを採取・記録する「記述的」アプローチと，災害に対処する防災・減災といった積極的な意図や行動と結び付けて，災害とかかわる知識や技術などを「価値」あるものとして評価する「価値評価的」アプローチがなされてきました。後者の場合，その価値を明確にするために，「防災文化」という用語に置き換えられることもあります。

　たとえば，島根県津和野は，津和野川から取水された水で水路網が整備され，ところどころで鯉も飼われていて，観光の目玉にもなっていますが，もともとは防火用水として開削されたものです。消火栓が整備された現在でも，消防水利としての役割を依然として維持しています。また，岐阜県南部から愛知県西部にまたがる濃尾平野では，洪水と共生した農業や生活が営まれてきています。洪水の際に集落を守る「輪中」についてはよく知られていますが，水の浸入を堤防だけでは防ぎきれない場合を考えて，石垣の基壇上に住居を建てて被害を少しでも軽減しようとしたり，応急対応のために，杭・縄・鉄線，槌などの防災資材を収納した水防倉庫が設置されていたり，あるいは母屋よりもさらに基礎を高くした上に，普段は倉庫や離れとして使用する「水屋」が建てられ，貴重品だけでなく，食料や生活品をも保管して緊急時の敷地内避難所としての役割も果たしていました。さらには人の避難だけでなく，「上げ仏壇」といって，水害が発生した時に仏壇を素早く天井裏へ引き上げる仕組みがあります（大窪健之 2012『歴史に学ぶ減災の知恵』学芸出版社）。

災害文化は，低い頻度で発生する大規模災害に対しては，たとえ史実として
の過去の災害についての情報は伝わるとしても，有効な防災・減災策には結び
つかない場合もあります。たとえば，地球温暖化の影響で，頻度や規模が拡大
した風水害に対しては，もはや従来の災害文化では対応しきれず，先進的な技
術と連結し，政策決定に反映させる必要があるでしょう。しかし，そうした弱
点や限界を認めたとしても，ある自然環境の中で育まれた文化のなかに生まれ
継承されてきた災害文化は，自然環境の変化を察知し，それへの対策を取るこ
とを可能とし，高頻度・小規模な災害への対応には効力を発揮するものとして
評価されています。

■概念の包摂力

冒頭で紹介した広い意味での文化概念に基づいて災害文化をとらえなおす
と，「防災文化」が機能する事前防災や発災直後の緊急時だけでなく，災害へ
の準備段階から発災直後の応急対応期，復旧・復興期という災害プロセスのな
かでの文化の果たす役割が見えてきます。

被災から生活を再建するための一歩を踏み出す際には，親族や親しい友人を
失った悲しみに，ひとつの区切りをつけることが大切です。遺族による追悼の
行事には寺や神社，墓地，遺影，位牌など，宗教・宗派に基づいた要素を揃え
ることが大切です。しかし，被災地ではそうしたものも被災・喪失してしまっ
ている場合が少なくありません。同時に，地域の歴史のなかで受け継がれてき
た供養や追悼のための民俗文化も重要です。2011年に発生した東日本大震災の
東北太平洋沿岸の被災地では，盆に祖先・死者を供養する民俗芸能である剣舞
や鹿踊りの団体が，メンバーが亡くなったり，衣装道具類を流失したりして，
活動ができない状態に一時陥りました。被害を受けた神社や寺院の建造物と同
様に公的支援を受けにくいものですが，それらには人の成長や出来事の記憶も
結びついているため，地域社会の再建・存続にとっても大切なものです。つま
り，復興する対象としての文化であると同時に，生活再建や地域の復興を後押
しする力をもった文化でもあるわけです（橋本裕之・林勲男編 2016『災害文化の
継承と創造』臨川書店）。日常生活では災害との関係は意識されることはなくと
も，災害発生時にこうした力を発揮する文化の役割についても注意を払い，そ
うした文化の継承を促進することも大切です。

● 国際的支援

金子 由芳

■防災分野における国際的な枠組み

　国連総会がかつて1990～1999年を「国連防災の10年」と定めて以降，防災の10年は継続し，国際的連携体制や各国の制度構築を導いていきました。各々の10年の中間年に開催されてきた国連防災会議は，1994年の第1回横浜会議，2005年の第2回神戸会議，そして2015年の第3回仙台会議と継承され，世界的な防災枠組みの構築の場となっています。神戸会議を経て採択された「兵庫行動枠組み」は，2005年からの10年間を通じて各国の防災体制・制度強化を牽引しましたが，仙台会議において新たに採択された「2015～2030年の減災フレームワーク」に代替されました。仙台フレームワークは，従来の防災対策に加えて新たに災害復興過程に目配りした Build Back Better（創造的復興）をスローガンとして掲げ，耳目を集めています。

　災害大国として知られる日本もまた，自らの経験を国際的に発信していくことが求められています。日本の ODA（政府開発援助）は，国際貢献の中心的テーマのひとつとして，防災分野の支援を強調しています。現行の ODA 大綱の重点政策でも，地球規模の課題として防災の中心化が触れられ，さらに2015年現在，新たな ODA 大綱が検討段階にあり，防災・災害復旧復興によりフォーカスが当てられる見込みです。とくに個別の政策方針として「人間中心の災害対策」と銘打ち，「災害に強い社会のための制度と人づくり」が強調され，災害の各段階に応じた協力課題として，災害予防の開発政策への統合，災害直後の迅速で的確な支援，災害復興から持続可能な開発に向けた協力，などが目標とされています（詳細につき外務省ホームページ）。

　しかしながら日本の援助の現実として，防災に振り向けられる ODA 予算の7割がいまだに防災インフラ建設に向かい，また残る3割も主に災害発生時の国際緊急援助隊派遣等であり，必ずしも「人間中心」の制度や人づくりが見えているとはいえません。昨今の国際協力機構（JICA）の援助活動においても，緊急人道援助から防災インフラ整備支援へ向かうシームレスな支援，Build

Back Better のよび声に応えるハード防災インフラ重視志向が見受けられ，国土交通省の主導する日本防災プラットフォームの構想も動いています。このような支援方針の是非論は，研究者の検討課題のひとつです。

■緊急人道支援から Early Recovery へ

　シームレスな国際的支援が求められているのは，ハードな防災インフラ整備の側面よりも以前に，まずは被災者の救助やコミュニティの再建をはじめとする人道的側面というべきでしょう。現状の国際的支援は，当初の緊急・災害救助段階については UNOCHA（国連人道問題調整事務所）を中心とする調整体制が確立しており，その傘下で INSARAG（国際捜索救助諮問グループ），UNDAC（国際災害評価調整），OSOCC（現地運営調整センター）などの活動が展開し，各国・各機関による支援の調整・統合が図られます。しかしこうした緊急人道支援の段階は，発災3～4ヶ月ほどでの OSOCC 閉鎖とともに随時終結へ向かいます。かわって乗り出してくるのが，世界銀行・アジア開発銀行などの開発金融機関であり，被災したインフラの復旧，次なる防災インフラの構築へと展開します。この間，被災者・コミュニティの自立再建までの道のりは遠くとも人道支援は断絶し，災害サイクルのその後の段階への連結を欠く傾向が問題と考えられます。

　最近では，このような緊急人道支援が終了してのち，復旧・復興事業が展開していく谷間で，公的支援の埒外に零れ落ちていきがちな被災者の生活再建に対する長期継続的支援課題を，Early Recovery（早期生活再建）と称して，重視する向きが広がっています。そこでは，住宅再建支援，農・漁業や零細商工者への生業支援（Livelihood），雇用促進政策，コミュニティのエンパワメントなど，まさに日本が阪神・淡路大震災や東日本大震災後の試行錯誤を経て培ってきた課題群が焦点となっており，日本の制度経験や研究蓄積が国際貢献に生きる新たな局面であると考えられます。

■国際的支援における民と軍

　災害時の国際的支援において，どこまで軍や民間防衛組織のリソース（Military-Civil Defense Asset：MCDA）を活用してよいかは議論となっています。UNOCHA の活動方針において MCDA は最後の手段とされ，防災と防衛に一線を引く態度が維持されています。

日本の国際緊急援助隊では，法律の根拠に基づき，消防庁・警察庁・海上保安庁の編成部隊による救助チーム，医療チーム，地震対策・復旧活動等の専門家チーム，自衛隊部隊の4種の派遣が行われてきました。このうち自衛隊は救助捜索等の前線に出ることなく，医療や後方支援に徹してきたのであり，MCDA は最後の手段であるとする国際的方針と協調路線を採ってきたといえます。防災を隠れ蓑とする海外軍事行動に結びつくことのないよう，今後とも厳格な監視が求められます。

　一方，日本として他国の緊急援助隊や NGO をどこまで受け入れるかの判断も課題です。阪神・淡路大震災における混乱を経て防災基本計画に対応が盛り込まれ，東日本大震災においては内閣府緊急災害対策本部傘下で事態対処班海外支援受入れ調整担当（C7班）が担当し，その報告が紹介されています（片山裕 2013「東日本大震災時の国際緊急支援受入れと外務省」国際協力論集20巻2・3号）。これによると，自己完結的な防災計画を有する先進国において，外国の軍隊を中心とする国際緊急支援の受け入れを行うことの意義・要件・国民の私権との調整など，多くの課題点が残されていることがわかります。

■他国への制度構築支援

　2005年に採択された「兵庫行動枠組み」が防災分野の法制度の構築を推奨して以降，発展途上諸国でも災害対策基本法の整備が相次ぎました。しかし絵に描いた餅であっては無意味であり，現実にどこまで防災体制が構築され，また実際の災害対応に結び付いているか，制度実施面の検証・改善サイクルを動かしていく制度支援もまた国際協力的な課題といえるでしょう。とくにアジア諸国の防災・災害復興の制度面では，国・地方行政レベルの行政計画を，コミュニティ・レベルの主体的な地域防災に接合させていく局面に困難がうかがわれ，今後の研究課題といえるでしょう。

災害と緊急事態条項（国家緊急権）

永井 幸寿

■緊急事態条項（国家緊急権）とは

　安倍総理大臣は，災害を理由に憲法を改正して緊急事態条項，すなわち「国家緊急権」を創設したいと明言しています。国家緊急権とは戦争・内乱・恐慌ないし大規模な自然災害など，平時の統治機構をもってしては対処できない非常事態において，国家権力が，国家の存立を維持するために，立憲的な憲法秩序（人権の保障と権力分立）を一時停止して非常措置を取る権限をいいます。すなわち，非常時に，権力を過度に集中して，人権を極度に制約する制度です。このように，国家緊急権は，非常事態に対処する面で必要性を認める意見もありますが，他方で人権保障と権力分立を停止してしまうので権力の濫用の虞があるきわめて危険な制度です。

■日本国憲法の立場

(1)旧憲法下の日本は国家権力が過度に強く人権の保障が充分でなかったところに，さらに国家緊急権（戒厳，緊急勅令等）が濫用されました。そこで，旧憲法の反省から日本国憲法にはあえて国家緊急権の規定を設けませんでした。

(2)この趣旨は以下の通りです（第13回帝国憲法改正案委員会議録の金森国務大臣の答弁）。第1（民主主義），民主政治を徹底させて国民の権利を充分擁護するためには，非常事態に政府の一存で行う措置は極力防止しなければならない。第2（立憲主義），非常という言葉を口実に政府の自由判断を大幅に残しておくとどの様な精緻な憲法でも破壊される可能性があること。第3（憲法上の制度），特殊の必要があれば臨時国会を召集し，衆議院が解散中であれば参議院の緊急集会を召集して対処できること。第4（法律等の準備），特殊な事態には平常時から法令等の制定によって濫用されない形式で完備しておくことができる。このように，日本国憲法は，濫用の危険性から国家緊急権は憲法に規定しないが，他方で非常事態への対処の必要性から平常時から厳重な要件で法律で整備するという立場を取っています。

■**法律による制度**（災害の場合）

　そして，災害についての法制度は，以下の通りきわめて精緻に整備され，実は権力が集中し大幅に人権が制限されています。

(1) 権力集中　　災害が異常・激甚などの場合は，内閣総理大臣は災害緊急事態等の布告，宣言等を行います。この場合，第1に，災害対策基本法によって立法権は厳格な要件で一時的に国会から内閣に移転します。つまり，内閣は，国会閉会中，衆議院解散中，臨時会の招集および参議院緊急集会の請求を求めるいとまがない場合，「緊急政令」を制定できます。制定できる事項は，生活必需品の配給，物の最高額等，4つの次項に限定されています。この政令には刑罰を付すことができます。そして，内閣は直ちに国会の臨時会を召集し，または参議院緊急集会を求め，国会の承認がなければ緊急政令は効力を失います。

　第2に，内閣総理大臣に権力が集中します。内閣総理大臣は以下のことができます。①国民に物資をみだりに購入しないことの協力要求が行えます（災害対策基本法）。②関係指定行政機関（省庁等）の長，地方公共団体（都道府県・市町村）の長その他の執行機関，関係指定公共機関（日本赤十字・ＮＨＫ等），関係指定地方公共機関等に必要な指示ができます（災害対策基本法・大規模地震対策特別措置法）。③防衛大臣に部隊等の派遣を要請できます（自衛隊法）。本来派遣できるのは防衛大臣です。④警察庁長官を直接指揮監督し，一時的に警察を統制します（警察法）。本来警察庁の庁務を統括するのは警察庁長官です。

　また，非常事態等の布告等がない場合でも，防衛大臣は，災害で都道府県知事の自衛隊の派遣要請があった場合派遣することができます。さらに，要請をまついとまがない場合は，要請を待たないで部隊を派遣できます。

(2) 人権制限　　まず，都道府県知事の強力な強制権として，災害救助法に，①医療，土木建築工事，輸送関係者を救助の業務に従事させることができ，これには罰則があります。たとえば医師に被災地での医療活動を命じ拒否すれば処罰されます。②現場にいる者を救助に関する業務に協力させることができます。③病院，診療所，旅館等を管理し，土地家屋物資を使用し，物資の生産等の業者に物資の保管命令を発し，収用もでき，これには罰則があります。④職員に施設，土地等に立ち入り検査させることができ，これには罰則があります。このように法律ではかなりの権力集中と人権制限がなされています。

■災害対策と国家緊急権

(1) そもそも，災害対策のために国家緊急権が必要でしょうか。災害対策の原則は「準備していないことはできない。」です。国家緊急権は非常事態が発生した後に，いわば泥縄式に強力な権力で対処する制度です。しかし，想定していない事象に対してはいかなる強力な権力をもってしても対処しえません。

(2) これを，東日本大震災について見てみると，国や自治体が迅速適切な対処ができなかった例がありますが，これらは法律制度の適正な運用による事前の準備がなかったことが原因です。

　たとえば，福島第1原発4.5kmの双葉病院とその経営する介護老人保健施設で，高齢患者440人のうち，寝たきり高齢者180人中避難等で50人死亡が死亡しました。2011年3月11日に震災が発生し，4日後に寝たきり高齢者をバス移動しましたが混乱状態で行く先が不明のまま発進し，保健福祉事務所を経て，原発を避けた迂回走行して長時間かけて高校の体育館に到着しましたが，医療施設ではなく，医療器材も薬品もありませんでした。そこで乗車までに4人，乗車後に46人が死亡しました。

　この原因は何でしょうか。法律の制度では，災害対策基本法によって，国は防災基本計画の策定義務があり，指定行政機関，指定公共機関はこれに従って防災業務計画の策定義務があり，都道府県，市町村はこれに従って地域防災計画の策定義務があります。原子力事業者もこれに従って原子力事業者防災業務計画の策定義務があります（原子力災害特別措置法）。また，災害対策基本法で，指定行政機関，自治体の長は，防災教育の実施に努め，防災訓練の実施義務があります。

　しかし，地震による原発事故は起きないことが前提になっていました。自治体，国および事業者は原発事故が発生した場合の，自治体を超えた避難ルートの策定，車両ドライバーの確保，スクリーニング会場，避難した後の生活の場である避難所，高齢者・障がい者の福祉避難所の確保等の防災計画は策定していませんでした。まして，市町村や都道府県にまたがる連携や住民参加もなく，そのような避難訓練などもまったく行っていなかったのです。このように事前の準備がなかったことが原因であり憲法を停止しても何の対処もできません。

　以上の通り，その危険性，憲法の趣旨，法律の整備状況，災害での必要性のなさからすれば，災害を理由に国家緊急権を制定してはならないと考えます。

残された課題——実効ある災害対応を実現するための課題

■災害対策の構造

　災害対策は，次の３つの対策で構成されます。事前に耐震改修・家具固定・高台移転など被害軽減に取り組み，発生した災害に対応するために道路や広場などの活動空間を整備したり，訓練・備蓄・体制整備などを準備する「事前防災対策」の取組み，災害の発生が予想されるときや災害が発生してしまった後に情報提供・救出救助・消火・避難など被害の拡大を防ぐために取り組む「災害対応対策」，そして発生した被害から迅速に復旧し，着実に復興していくことを目指す「復旧復興対策」です。

　また災害対策には，「人を守る」ための施設・設備の整備や物理的な抵抗力を高める取組みの「ハード対策」と，初期消火・避難・救出救助・情報提供など「人が実践する」取組みやそれを支えるシステムの「ソフト対策」とがあります。

■21世紀の災害環境

　地球は大気の気圏，地殻・地盤の地圏，海洋・湖沼・河川の水圏で構成され，人間はそれぞれがもたらす豊かな恵みを得て生存してきました。しかし，気圏・地圏・水圏が織りなす自然は，ときに牙をむいて人の命を奪ったり大事な財産を破壊します。それが自然災害です。私たちが生きていく21世紀は，地球の温暖化が進行して気圏で「大気乱流」し，地圏での活動が活発化する「大地動乱」，そして水圏でも「大水奔流」する世紀といわれています。超スーパー台風，巨大噴火，巨大地震，巨大津波，巨大水害への備えが求められているのです。

　ところが，備えをする側の人間社会は，とくに日本では歴史上はじめて国として人口が減少していく時代となり，大都市でも高齢化が急速にすすんでいく

時代なのです。その結果，災害に関する情報が事前に発信されても1人では避難行動をとることも難しかったり，避難しても介護や支援がないと生活が困難な人の割合が高くなっているのです。災害が巨大化していくのに，社会は脆弱化しているのが21世紀なのではないでしょうか。情報技術の発展によって災害から身を守る情報が多様に活用できる時代となって，災害に対応するための新しいシステムがさまざまに開発され，提供されていくと予想されますが，そのシステムを使って身を守るのは「人」ですし「社会」ですから，その脆弱化を克服していくことが重要な課題となっているのです。そこに，人が人を助ける「共助」が強化された社会の実現が期待されているのです。

■**自助なくして共助なし**

　20世紀を通して，とくに戦後社会のなかで破壊されてきた日本の共助社会を，どのようにして再生していくことができるでしょうか。高齢化と人口減少がすすんでいる農山村地域や，地縁関係が希薄化してきた都市地域に，どのように共助社会を新たに創生していくことができるでしょうか。その取組みは，日本の防災力を支える社会基盤の再生と新たな創出なのです。でも，共助とはどのように実現するのでしょうか。法律で隣人を助けるように義務付けることはできることではありません。隣人の善意に頼るしかないでしょう。日常生活での共助は，隣人の善意の相互作用としてお互いに支えあうことができるかもしれませんが，災害時ではどうでしょう。隣人愛に基づく支援は，災害ボランティアの根源にあることは間違いがありません。しかしそれは，基本的に被災地の被災者を非被災地の無被害の人びとが支援する取組みです。被災直後に被災地でどのように共助を可能とすることができるでしょうか。

　筆者は，自助こそ共助の源である，と考えています。自助による事前防災の主体的な取組みをすべての人びとが実践して，一人ひとりが自らの被害を軽減することです。このようにして被害が軽減できた被災地域の人びとの力が，被災地域における共助の源ではないでしょうか。いくら隣人愛に燃えて近隣の人びとを支援する志をもっても，わが家の耐震改修や家具固定，家庭での備蓄などの事前防災を実践していなければ，災害発生時に被災者になってしまう可能性が高いのです。もし被災者になってしまったら，志とは反対に，助ける側から助けられる側になってしまうのです。私は，「自助が共助を可能にする」と

考えています。自助で自らの被害を軽減し余力がある人びとが，支援が必要な周辺の被災者を支援することができるからです。ですから，「自助なくして共助なし」でもあるのです。

■自助と共助が公助を有効にする

こうした自助と共助の取組みが行政の公助を有効にするのではないでしょうか。公助の実施主体である地域行政は，平成の大合併によってこの10年間に約3300団体あった市区町村が約1700団体に半減しています。自治体職員数も市民1人あたりでみると減少している反面，職員1人あたりの地域面積も地域人口も増大しているのです。つまり，災害時に最も重要な力となる行政職員数が減少してきており，災害時の公助としての活動の制約条件となっているのです。未曾有の被害規模となった東日本大震災では，自治体職員も犠牲になるなかで，直後の活動のみならず，その後の膨大な災害対応業務に対しても，自治体職員は不足し，外部自治体からの自治体間支援が重要な課題となりました。震災から5年を経た現在でも，復興事業にかかわる行政支援が継続しているのです。災害発生直後の対応として，たとえば公的な備蓄量をいくら増やしても備蓄倉庫から取り出して，車に積んで避難所などに運ぶ人手が不足し，自治体には自動車とくにトラックの保有はなくトラック協会などと協定しているのですが，それでも人手が足りなくて備蓄品を配ることも困難になってしまうのです。そのときに被災地において自助で被害を軽減し共助ができる体制になっていれば，自分たちで公的備蓄を運びに出向くことも可能になるのです。このように，「自助と共助が公助を有効にする」のです。

■自助こそ災害対応の基本

本書は，いつでもどこでも発生する可能性がある自然災害に対して，人の命を守り，財産を守るための「災害対応」を，被災者自ら取り組む自助と地域社会などで取り組む共助としてのあり方および，それを支援する公助の内容とあり方，さらにそれらの取組みをより有効なものにし，いつ被災者になるかもしれないすべての市民の皆さんが一人のこらず生き抜いていくために，誰でも活用できることを目指したハンドブックです。しかしこのハンドブックを有効に活用するには，自助の取組みによる事前の被害軽減と準備が不可欠です。

大きく被災してしまってから，『災害対応ハンドブック』を引っ張り出して

も，災害対応という事後対策の取組みでしかないのではないでしょうか。良い薬や手術技術の開発は重要です。しかし，「よい薬ができたから，最先端の手術技術が開発されたから，安心して病気になってください」ではないのです。

■事前防災から「未災」へ

　厚生白書に，これからの医療や健康保険のあり方と関連して「未病」という考え方が提案されています。これまでは，「健康」と「病気」という区分で，病気になったら医療対応を行うというのが基本的な考え方でした。しかし，健康の維持が重要であり，とくに生活習慣病では数値基準で病気の範囲を規定して，その範囲を超えないように健康を指導する取組みの重要性が，国民健康保険問題と関連して語られてきました。そこで，より積極的に病気になる前の状況を医学的にも管理し誘導していこうという発想に立った取組みとして，いまだ病気になっていない状況「未病」を積極的に推進することが提案されているのです。

　この発想を災害対策に位置づけるならば，危険な状態になってから防災に取り組むのではなく，その前に危険な状態に陥らないための自助の取組みをより積極的に推進する『未災』の発想が重要になっているのではないかと思います。自然災害の脅威を取り除くことはできませんが，建物が老朽化し，道路などの基盤が未整備のまま木造住宅が市街地に密集し，そして社会が加速的に高齢化して脆弱化する前に，災害に粘り強い，まだ"防災"の取組みが必要ではない市街地と社会を維持し，むしろいっそう安全な状況を創っていく，それが「未災のまちづくり」です。

■災害復興から「事前復興」へ

　未災の発想はまた，災害が発生して被害が激甚化し，被災した市街地や社会および被災者一人ひとりに対する災害復興を，被災する前に想定し，取り組んでいく『事前復興』の発想にもつながるものではないでしょうか。事前復興とは，阪神・淡路大震災に学んで東京都がすすめてきた取組みです。阪神・淡路大震災の復興の取組みは，事前に何の準備もしていたわけではありませんが，神戸市では被害の状況がおおよそ把握できてきた震災の２日目の夜のミーティングで，市長から「復興が大きな課題で，どのように復興に取り組むべきか調査を」との指示を受け，３日目から市街地の被害概況調査に取り組み，１週間

後に復興体制を立ち上げ，2週間後には被災者すべてが平等に迅速に住宅再建や生活復興をすすめるために必要な基盤整備を都市復興としてすすめる密集市街地を決定し建築基準法84条建築制限区域としてその区域の範囲と住宅および市街地の復興方針を公表しました。この建築制限は緩やかな制限内容で，その区域指定とは建築制限が重要なのではなく，むしろすべての敷地で住宅再建のために建築確認を申請できるように土地区画整理事業等によって幅員4m以上の道路に全敷地が接するように基盤を改良する市街地整備事業をすすめる範囲を示すことです。その制限は最長2ヶ月間でしたから，2ヶ月後の3月16日に市街地復興のための都市計画事業をすすめる区域を都市計画決定したのです。しかしこの2ヶ月間では，このような復興まちづくりについて被災した地域関係者との話し合いはまったく不十分でしたから，神戸市では震災前に全国に先がけて制定していた“まちづくり条例”を活用して，それぞれの区域に「まちづくり協議会」を立ち上げ，まちづくりの詳細を話し合い，都市計画事業としての復興まちづくり計画について合意形成を図って事業を法定決定するという2段階の都市計画決定をすすめたのです。

　神戸市で最も早く復興まちづくりの事業を法定決定したのは長田区の鷹取地区と野田北部地区で，震災の約10ヶ月後でした。鷹取地区は，震災前に住民主体の居住環境整備を目指したまちづくりに取り組んでいたので，すでにまちづくり協議会の組織もありました。都市計画やまちづくりについての知識も多くの地域住民の皆さんはもっておられました。その事前のまちづくり活動が，災害後の復興まちづくりの迅速な推進の力となっていたのです。また真野地区や浜山地区などでも，全域での基盤整備事業による改造型復興まちづくりではなく，従前のまちづくり計画ですすめていた部分的に改善整備していく修復型まちづくりの取組みが復興まちづくりのたたき台となって災害復興が取り組まれ，結果的に迅速に合意の形成がすすんだ地区でした。そして，都市復興だけが復興ではありませんから，2ヶ月目の都市復興の重点地区の決定以降，被災者一人ひとりの住宅再建，生活，暮らしの再生，企業や地域産業，社会サービスなどの再建と復興を総合的にすすめるための復興計画の策定に取り組み，半年後に計画を決定し，復興事業を推進していったのです。

　阪神・淡路大震災が発生したときに，東京都は区部直下地震の被害想定を取

りまとめていました。当時の被害想定では阪神・淡路大震災の被害の5倍にあたる建物55万棟の全壊・焼失という想定でした。その被害からの復興をどうすすめるのか，この阪神・淡路大震災の復興のすすめ方に学び，事前に可能な限り復興についても準備しておくこと，さらに準備のみならず事前にできることは実践しておくことを目指して，被害想定をもとにした「事前復興」の取組みを推進してきました。

　阪神・淡路大震災の2年後，1997年に「都市復興マニュアル」，1998年に「生活復興マニュアル」を策定し，それらのマニュアルを死蔵しないために市区町村の職員が復興のすすめ方を学ぶ「都市復興模擬訓練（都市復興図上訓練）」を1998年から毎年，東京都の主催で継続しています。これまでに延べ1500人を超える都や区市の職員が，震災復興に関する研修を経験しています。

　また，復興計画策定の手順や考え方をまとめたマニュアルのみではなく，復興の合意形成の対象である"復興で目指す都市像・まちづくり像"も事前に想定しておくべきだとの考えから，2001年に「震災復興グランドデザイン」が策定され，公表しています。2003年には，阪神・淡路大震災に学び東京都震災予防条例を震災対策条例に全面改訂し，震災復興の取組みについても位置づけました。そして都市復興と生活復興の2つのマニュアルも改訂し，行政が復興計画や復興施策の案を立案・策定するための「震災復興マニュアル（復興施策編）」と，行政が都民や地域事業者とともに取り組む"地域協働復興"のすすめ方を取りまとめている「震災復興マニュアル（復興プロセス編）」を2003年に公表しました。

　阪神・淡路大震災の復興に学べば，この復興プロセス編を都民にも事前に理解してもらっておくことが何よりも重要なのではないでしょうか。しかも，それは地震に対して脆弱であるがゆえに防災まちづくりの取組みをすすめている木造住宅密集市街地が，震災復興にも取り組むことが必要になる地域ではないでしょうか。こんな発想から2003年に取り組み始めたのが「復興まちづくり模擬訓練」です。以降，区部の密集市街地を中心に43ヶ所以上の地区で復興まちづくり模擬訓練に取り組んでいます。これらの訓練を契機に，現在までに21区2市が「震災復興マニュアル」を策定していますし，14区1市では「震災復興推進条例」等を事前に制定しています。さらに，葛飾区堀切地区では，修復型

ですすめる防災まちづくりのための法定計画である防災街区地区計画の整備方針に，地震によって被害が集中的に発生し震災復興が必要になった場合は「基盤整備型都市復興」に取り組むことを，2015年に事前に決定しました。これは，将来に起こる災害の復興について事前に決定するという『実行する事前復興』の計画として日本で初めての事例です。葛飾区は都市計画のマスタープラン（都市計画法にもとづく区の都市計画の基本方針）に，区の震災復興グランドデザインとしていち早く「復興まちづくりの方針」を書き込んでいました。そして，それに基づいて，準備する事前復興のみならず，実践する事前復興として取り組んだのです。

　こうした事前復興の取組みは，東日本大震災以降，南海トラフ地震対策特別措置法で津波対策強化地域における住宅等の高台移転を事前にすすめる「事前復興」の取組みが位置づけられたことや，国土強靭化地域計画で想定外の事態に備える地域づくりとして事前に高台移転を検討するなどの取組みもあって，西日本の太平洋沿岸の諸県では事前復興対策に取り組み始めています。

■残されている課題——災害対応の準備から事前防災と事前復興の実践へ

　「災害対応ハンドブック」を有効に活用して，発災後の被害の拡大を防ぎ犠牲者を軽減するために残された課題は，本書から災害発生後の対応の知識を学び備えるとともに，「自助としての事前防災」の実践を工夫していくこと，そして最も長い期間と膨大な費用が必要となる災害復興を迅速で効果的合理的かつ人間的な災害復興としていくための「事前復興」の発想による準備のみならず事前にできることから実践していく取組みが各地域に広がっていくことではないでしょうか。

　　　　　　　　　　　　　　　　　　　　　　　　　　　　中林 一樹

おわりに——知識を実践につなぐためのもう一歩

___

■実践への詰(つ)め

　おわりにあたり，本書で紹介された災害対応のための多様な知識や情報を，実際に起こったときに活かせるようにするための「もう一歩」について補足しておきます。知っていることと，実践できるということとは残念ながら同じではありません。多くの場合，そこには隙間（ギャップ）が存在しています。そのギャップを埋める「実践への詰(つ)め」のノウハウが必要なのです。以下，そのことを少し検討しておきましょう。

■実際の組織や地域を現場にして小さな「成功モデルをつくる」

　たとえば防災教育を取り上げてみましょう。市民が「あすはわが身として」被災者の立場で主体的に学ぶためには，実際に被災した人の話も聞く機会・現場（あわせて「場」とよぶことにします）が必要です。もし被災した経験のある人を招いてまるごとの体験を聞く場ができれば，行政や専門家から一方的に講義を受けるのとは違った理解と体得ができるはずです。かつての被災体験者が，別の地域で未来の被災者となりかねない人たちに被災体験を伝えることで，被災体験者が復興へと立ち上がる足掛かりをつかむ。そのような地域間交流の実例づくりができることも望まれます。

　なおこのような支援者と「つながる / つなぐ」ノウハウやネットワークづくりは縦割りの行政の得意とするところではなく，むしろNPO，研究者などが外部から加わってサポートすることが不可欠です。

■まちづくりと組み合わせるアプローチ

　たとえば自主防災組織の取組みを地域の他の住民に広げていくためには，婦人会，福祉団体，商店街などとの連携がすすむことが望ましいのですが，現実には必ずしもそのような広がりは生まれていません。

　「地区防災計画」という新制度も住民主体の参加型アプローチを必要として

いますが，そのためには成功モデルをつくるための実際の現場が求められます。特定の「地区」において住民や企業が主体的・自発的に提案し計画をつくらなければなりません。防災だけではなく，日常的ないろいろの関心事が存在しており，防災の課題を他の課題よりも優先するためには工夫が求められます。

　実は都市計画法などに基づいて行われる都市計画にも「地区計画制度」があります。ここでいう「地区」は実際の都市的空間であり，そこでは地区の課題や特徴を踏まえ，住民と区市町村とが連携しながら，地区の目指すべき将来像を設定し，その実現に向けて都市計画に位置づけて「まちづくり」をすすめていくことが求められます。この方法は都市計画の現場ですでに多くの実績がありますから，そこで地区防災計画を導入するというのも一案でしょう。

■小さな成功モデルを少しずつ広げていく社会実験

　具体例として，協議会方式を実際に導入する場合を考えてみます。そもそも誰が言い出して，他の誰（組織）を，どのように巻き込んで始めていけば良いのか。何を最初のテーマにするのか。どのようにして合意を取っていくのか。あるいは地域の住民のなかで防災意識を高める運動をすすめるために，学習実践の場をどのように作っていけばよいのか。このような場合，単に理屈だけではなく実際の組織や地域を現場にして小さな成功モデルをつくることが有効なはずです。

　そのためは一回限りの取組みではなく，一つの成功を次の成功につなげていく繰り返しの取組みが求められます。Plan-Do-Check-Action （PDCA）サイクルを何度も回していく，ある種の社会実験です。このようにして安定的に定着する成功モデルがつくり出されれば，ボトムアップ型で生み出された「やわらかな制度」にもなりうるのです。

■参加型ワークショップ技法の活用

　実は参加型ワークショップ技法の活用も重要です。すでにいろいろな技法が開発され，目的に応じて使い分けると非常に有効です。災害の事前や事後のタイミングで，防災を担ういろいろなアクターが本書を携え一堂に会して，このような技法も活用しながら実践の詰めのための成功モデルづくりに勤しむのはどうでしょうか。きっと本書の価値が数段高まるに違いありません。

　　2016年3月11日　　　　　　　　　　　　　　　　　　　岡田憲夫

執筆者紹介 （☆監修, ＊編者／執筆順）

☆室崎 益輝　兵庫県立大学防災教育研究センター長
＊野呂 雅之　関西学院大学災害復興制度研究所教授
越山 健治　関西大学社会安全学部教授
山﨑 登　日本放送協会（NHK）解説委員
石川 永子　横浜市立大学国際総合科学部准教授
阪本真由美　兵庫県立大学防災教育研究センター
佐々木晶二　一般財団法人民間都市開発推進機構上席参事兼都市研究センター副所長
田中 淳　東京大学大学院情報学環総合防災情報研究センター長・教授
村井 雅清　被災地 NGO 協働センター顧問
栗田 暢之　認定特定非営利活動法人レスキューストックヤード代表理事
青田 良介　兵庫県立大学防災教育研究センター准教授
菅 磨志保　関西大学社会安全学部准教授
永井 幸寿　弁護士（兵庫県弁護士会）
関谷 直也　東京大学大学院情報学環総合防災情報研究センター特任准教授
河﨑健一郎　弁護士（東京弁護士会）
＊山崎 栄一　関西大学社会安全学部教授
木村 拓郎　一般社団法人減災・復興支援機構理事長
小口 幸人　弁護士（沖縄弁護士会）
鳥井 静夫　東京都職員
岡本 正　弁護士（第一東京弁護士会），中央大学大学院公共政策研究科客員教授
渥美 公秀　大阪大学大学院人間科学研究科教授
田並 尚恵　川崎医療福祉大学医療福祉学部准教授
＊津久井 進　弁護士（兵庫県弁護士会）
稲垣 文彦　公益社団法人中越防災安全推進機構
　　　　　　震災アーカイブス・メモリアルセンター長
上村 靖司　長岡技術科学大学大学院工学研究科教授
野崎 隆一　特定非営利活動法人神戸まちづくり研究所理事長

齊藤健一郎（さいとうけんいちろう）　一般社団法人日本損害保険協会・生活サービス部長
宮定章（みやさだあきら）　認定特定非営利活動法人まち・コミュニケーション代表理事
大矢根淳（おおやねじゅん）　専修大学人間科学部教授
近藤民代（こんどうたみよ）　神戸大学大学院工学研究科准教授
磯辺康子（いそべやすこ）　元神戸新聞専門編集委員
田中正人（たなかまさと）　株式会社都市調査計画事務所代表取締役
中野明安（なかのあきやす）　弁護士（第二東京弁護士会）
山中茂樹（やまなかしげき）　関西学院大学災害復興制度研究所顧問・指定研究員
金子由芳（かねこゆか）　神戸大学大学院国際協力研究科教授
山川充夫（やまかわみつお）　帝京大学経済学部教授
廣井悠（ひろいゆう）　東京大学大学院工学系研究科准教授
山本晋吾（やまもとしんご）　公益財団法人ひょうご震災記念21世紀研究機構
　　　　　　　　　　　　　　　　人と防災未来センター普及課長
矢守克也（やもりかつや）　京都大学防災研究所巨大災害研究センター長・教授
豊田利久（とよだとしひさ）　神戸大学名誉教授
松田曜子（まつだようこ）　長岡技術科学大学環境社会基盤工学専攻准教授
林勲男（はやしいさお）　人間文化研究機構国立民族学博物館准教授
☆中林一樹（なかばやしいつき）　明治大学大学院政治経済学研究科特任教授
☆岡田憲夫（おかだのりお）　関西学院大学災害復興制度研究所前所長，京都大学名誉教授

Horitsu Bunka Sha

災害対応ハンドブック

2016年5月20日　初版第1刷発行

監修者	室﨑益輝・岡田憲夫 中林一樹
編　者	野呂雅之・津久井進 山崎栄一
発行者	田靡純子
発行所	株式会社 法律文化社

〒603-8053
京都市北区上賀茂岩ヶ垣内町71
電話 075(791)7131　FAX 075(721)8400
http://www.hou-bun.com/

＊乱丁など不良本がありましたら、ご連絡ください。
　お取り替えいたします。

印刷：中村印刷㈱／製本：㈱吉田三誠堂製本所
装幀：坂井えみり

ISBN 978-4-589-03731-2

斉藤豊治編

大 災 害 と 犯 罪

A 5 判・246頁・2900円

3・11を含む大震災や海外の大災害と犯罪，原発や企業犯罪等について，学際的な知見から体系的に整理。災害の類型×時間的変化×犯罪の類型という定式から，大災害後の犯罪現象について考察し，その特徴をあきらかにする。

澤野義一著

脱原発と平和の憲法理論
―日本国憲法が示す平和と安全―

A 5 判・188頁・3600円

市民の安全と平和を脅かす原発および安全保障政策について，平和の憲法理論の観点から検証し，新たに原発違憲論を提起する。また平和主義に逆行し，違憲である安全保障法制，解釈改憲および自民党改憲案を根源的に批判する。

戸田 清著

〈核 発 電〉を 問 う
―3・11後の平和学―

A 5 判・152頁・2300円

福島第一原発事故後の被災状況をふまえて，〈核〉がもたらす永続的で甚大な問題を平和学と環境学の視点から批判的に問い直す。〈核〉に依存する力学を構造的暴力の視点から根源的に照射し，克服すべき課題を明示する。

斎藤 浩編

原発の安全と行政・司法・学界の責任

A 5 判・250頁・5600円

原発再稼働に注目が集まる昨今，福島原発事故を招いた行政とそれを支えた司法，学界の責任を明らかにする。事故に至るまでの裁判で何が争われたのか，法理論的な課題は何かを第一線の弁護士と研究者が論究する。

高作正博編

私たちがつくる社会
―おとなになるための法教育―

A 5 判・232頁・2400円

法という視点をとおして，だれもが〈市民〉となるために必要な知識と方法を学び，実践するための力を涵養する。おとなになる過程のなかで，自分たちが社会をつくるという考え方を育む。日本社会のいまがわかる入門書。北欧に学ぶ法教育の決定版。

全 泓奎著

包 摂 型 社 会
―社会的排除アプローチとその実践―

A 5 判・206頁・2800円

社会的排除アプローチを用いて，都市空間におけるさまざまな「貧困」の解決策を実証的に模索する。生活困窮者を包み込む都市空間の構築を指南し，包摂都市への実践に向けた手引書。

―――――法律文化社―――――

表示価格は本体(税別)価格です